Zum Autor

Klaus Huhn ist fast sieben Jahrzehnte als Sportjournalist tätig, war von Kollegen aus 27 Ländern zum Generalsekretär der Europäischen Sportjournalistenunion (UEPS) gewählt worden, schrieb über einhundert Bücher, fungierte 38 Jahre als Direktor der Friedensfahrt, wurde oft ausgezeichnet, u. a. vom österreichischen Präsidenten und dem französischen Radsportverband, und wurde vom Verein »Sport und Gesellschaft« mit der Werner-Seelenbinder-Medaille geehrt.

Klaus Huhn

Kalter Krieg und heiße Kufen

Wie Bonn gegen den DDR-Sport zu Felde zog

ORIGINALAUSGABE
edition berolina

edition berolina

ISBN 978-3-95841-016-9
1. Auflage
Alexanderstraße 1
10178 Berlin
Tel. 01805/30 99 99
FAX 01805/35 35 42
(0,14 €/Min., Mobil max. 0,42 €/Min.)

Umschlaggestaltung: Marc Eberlin, BEBUG
Druck und Bindung: GGP Media GmbH, Pößneck

www.buchredaktion.de

Als 1945 das Millionen Opfer fordernde Morden beendet worden war, kam auch wieder Muße, Sport zu treiben. Nur wenige hatten in früheren Jahrzehnten wahrnehmen wollen, dass schon Pierre de Frèdy, Baron de Coubertin, der der Welt nach hartem Widerstand 1896 – auch aus eigener Tasche finanziert – die Olympischen Spiele geschenkt hatte, die Politik als unnachgiebigen Gegner seines dem Frieden gewidmeten Festes erkannt hatte. Der Baron hatte keine Illusionen, was die Politik betraf, wie man seiner der Arbeiter-Bildung gewidmeten Broschüre aus dem Jahr 1923 entnehmen konnte: »Man darf natürlich nicht damit rechnen, dass die Bourgeoisie diesen Ansichten zustimmt. Denn um sich diesen Erkenntnissen anzuschließen, müsste sie offen bekennen, dass sie sich getäuscht hat, und müsste das zugeben. Dazu müsste sie wiederum auf jahrhundertealte Gewohnheiten des Denkens verzichten und die materiellen Interessen ihrer Professoren und ihrer Verleger verraten.«

Das ward nur zitiert um zu bekunden, dass Olympia oft mit Politik konfrontiert worden war und dass schon sein »Erfinder« das erkannt hatte. An den Millionen Gräbern des Zweiten Weltkriegs die Überlebenden zu sportlichem Treiben zu ermuntern, forderte mehr Bekenntnis zum Frieden, als die fünf Ringe symbolisieren konnten.

Weltweit ging es nach dem Schweigen der Waffen darum, Trümmer zu räumen und nicht Rekorde aufzustellen. Das galt auch für Berlin, der Stadt, in der die Pläne des Millionenmords entstanden waren und in der die Mörder ihre Niederlage besiegeln mussten. Auch dort begannen vor rund siebzig Jahren viele, die den Sport auch als Indiz des Friedens verstanden, erste Schritte aus dem Schutt auf Sportplätze zu wagen.

Allerdings waren da auch von der ersten Stunde an Probleme vorhanden, die sich daraus ergaben, dass die Stadt und das Land von vier Mächten regiert wurde und – um an Coubertin zu erinnern – drei der vier von der Bourgeoisie beherrscht wurden. Es gab von der ersten Stunde an auch Probleme, weil die westlichen Alliierten zwar Vereine und Verbände, die den Nazisport gefördert hatten, generell verboten, aber diese Verbote selten oder nie kontrollierten, während sie im Osten strikt befolgt worden waren. So entstand erster Zwist, der zunahm, als die Besatzungsmächte den Weg zu Regierungen in ihren Zonen einschlugen. Regierungen, die um den Sport keinen Bogen schlugen. So versank die frühe Freude über Rekorde schon bald in eine »Wer-Wen-Zwietracht«, die nicht so sehr Gold oder Silber zählte, sondern Ost oder West zum Maßstab nahm. Im Handumdrehen waren auch die politischen Namen der Begriffe bei der Hand: Hallsteindoktrin, Alleinvertretungsrecht und, und, und.

So hart die Duelle in Stadien, Hallen und Becken ausgetragen wurden, so erbarmungslos und verlogen ging es auf Kongressen und in den politisch strukturierten Clans, Cliquen und Verbänden zu. Selten beschimpften sich die Funktionäre oder prügelten gar aufeinander ein, aber Stunden, Tage und sogar Wochen gingen drauf, ehe man sich über Kommata geeinigt hatte, und dann, ob A für Ost oder C für West um den Weltmeistertitel kämpfen durfte. Solange West oft dank alter Freunde die Alleinvertretung auf der Aschenbahn oder im Schwimmbecken belegen konnte, hielt man sich generell an die Regeln. Als die West-Majorität zu schwinden begann, schwand auch die Fairness. Diplomaten wurden anstatt Sprinter ins Rennen geschickt, dazu hemmungslos gefälscht, betrogen, gelogen.

Dieses bittere und dunkle Kapitel des deutschen Sports wurde von Medien und sogar Historikern meist unterschlagen oder verfälscht. Ein Chronist, der diese Zeit und auch die Geschehnisse oft vor Ort miterlebte und viele »Vier-Augen-Gespräche« mit Kronzeugen führte, hat die Fakten des Jahrzehnte währenden West-Ost-Duells zusammengetragen und präsentiert sie hier. Nicht um des »Herr-Lehrer-ich-weiß-was« willens, sondern um der Nachwelt die Sachverhalte zu hinterlassen.

Versuch einer Ouvertüre

Wie ließe sich eine solche »Enzyklopädie« beginnen? Wie überzeugend die Zitate und unendlich viele Aussagen glaubhafter Zeugen listen?

Durchaus überzeugt, wie riskant dieser Schritt ist, entschloss ich mich, selbst als Erster in den Zeugenstand zu treten und beeide hiermit ein Ereignis, das sechs Jahrzehnte zurückliegt, die deutsch-deutschen Probleme im Sport überzeugend bloßlegt und – auch das soll nicht unterschlagen werden – deren Hauptperson eine bildhübsche Frau war!

Ich habe ihr Bild trotz der inzwischen vergangenen Jahrzehnte so glasklar vor Augen, als wären wir uns gestern das letzte Mal begegnet, und erinnere mich auf Anhieb: Sie war verführerisch (allerdings fast immer im Badeanzug, der die attraktive Figur unterstrich), charmant, verlockend, anmutig – kurzum: unvergesslich. Je länger ich mich an sie erinnerte, desto intensiver wuchs meine Absicht, ihr mit diesen Zeilen auch ein kleines Denkmal zu setzen. Ihr Name: Jutta Langenau. Die Tragik: Sie starb schon 1982 mit 49 Jahren.

1954 hatte sie in Erfurt ihre Koffer gepackt, um nach Turin zu reisen, wo Schwimm-Europameisterschaften ausgetragen wurden. Sie konnte allerdings, ebenso wie ich damals, nicht mit dem DDR-Pass nach Italien reisen, weil die Westalliierten schon Jahre vorher einen Befehl erlassen hatten, wonach Ostdeutsche bei Reisen in West-Staaten zuvor in einem Alliierten-Kommandanturbüro in der Berliner Potsdamer Straße einen sogenannten Travel Port (Reise-Pass) beantragen mussten. Erst wenn der genehmigt und ausgestellt worden war – oft jedoch wurde er abgelehnt –, durften die Antragsteller in der Botschaft des Landes, in das sie reisen wollten, ein Visum beantragen. Da die Travel-Port-Antragsfrist sechs Wochen betrug, hätten Athleten, die in dieser Frist noch nicht in Hochform waren, keine Chance gehabt, sich für die National-Mannschaft zu qualifizieren. Also musste die DDR oft einen Stapel von Travel-Ports beantragen, um keinen Favoriten am Ende zu Hause lassen zu müssen.

Auch Jutta war durch all diese Büros gezottelt, hatte überall Fragebögen eingereicht und hockte eines Tages strahlend mit der DDR-Schwimm-Nationalmannschaft im Warteraum des italienischen Konsulats am Westberliner Tiergarten, um endlich ihr Visum eingestempelt zu bekommen.

Der Autor hatte auf gleichen Wegen sein Visum beantragt, war aber nicht exakt – vermutlich nur Schlamperei im Büro des Konsulats – gefragt worden, was er in Turin zu tun gedenke und hatte 72 Stunden vor dem EM-Auftakt seinen Stempel bekommen. Die Schwimmer – auch Jutta – beschied man, dass sie weiter auf die Visa warten müssten.

Ich schüttelte Jutta, mit der ich schon bei den Weltfestspielen in Budapest 1949 als Sportjournalist Bekanntschaft geschlossen hatte, die Hand, meinte optimistisch »Bis morgen!« und trollte mich.

Als ich in die DDR-Sportzentrale zurückkehrte, hatten sich dort einige schon damit abgefunden, dass die Visa nie erteilt würden. Das hätte zwar alle internationalen Regeln verletzt, denn die DDR war seit 1952 ordentliches Mitglied der Internationalen Schwimmföderation (FINA) und obendrein stand Leipzig ganz oben auf der Liste der Kandidatenstädte für die nächsten Europameisterschaften. Der solche Querelen längst gewohnte Präsident des DDR-Sportbunds, Manfred Ewald, beförderte mich in fünf Minuten mit der

Unterschrift des Präsidenten des DDR-Schwimmverbandes und dem entsprechenden Stempel zum offiziellen FINA-Delegierten der DDR, beauftragte mich, mir im nächsten Flugzeug Richtung Turin einen Platz zu sichern und dort auf dem tags zuvor stattfindenden FINA-Kongress gegen die Visaverweigerung zu protestieren. Sein Gesicht ließ ahnen, dass er mir keine sonderlichen Chancen einräumte. Ich stürmte dennoch optimistisch zum Flugplatz Schönefeld - vor 60 Jahren absolut funktionstüchtig –, hatte Glück, einen Platz nach Prag zu ergattern und hob dort zwei Stunden später via Mailand nach Turin ab.

In Turin forschte ich am Sonntagnachmittag als Erstes nach dem Hotel, in dem die Offiziellen der FINA logierten. Der FINA-Kongress war für Montagmittag anberaumt. Dienstagmorgen standen bereits die ersten Vorläufe auf dem Programm. Unter den Starterinnen des allerersten Laufes um 10.00 Uhr las ich auf einem Aushang den Namen Jutta Langenau ...

In einem Büro traf ich den schwedischen FINA-Generalsekretär Bertil Sällfors. Der kannte unsere Sorgen natürlich längst, versprach zwar zu helfen, zog aber ein Gesicht, das mich an das Ewalds erinnerte. Und ließ durchblicken, er wüsste, dass es sich um Politik handele, gegen die keine Regel existiere.

Zudem war er pessimistisch, weil die Tagesordnung für derlei Probleme keinen Punkt enthielt. Es bliebe nur der Passus »Verschiedenes«, der aber nach seinen Erfahrungen frühestens am späten Abend aufgerufen würde. Da blieben wenig Chancen, dass die Mannschaft - ich verhehle nicht, dass mir vor allem Jutta am Herzen lag - am nächsten Morgen rechtzeitig am Start sein könnte.

Die Delegierten des sowjetischen und des ungarischen Schwimmverbandes versprachen Hilfe, wussten aber auch keinen Weg, wie man die Tagesordnung ohne Skandal »sprengen« konnte.

Schlaflos verbrachte ich die Nacht und hatte auf dem Weg zum Kongresshotel ein mich optimistisch stimmendes Erlebnis. Ein italienischer Journalist der kommunistischen Zeitung, den ich aus Berlin kannte und der mich begleitete, kam mit mir an einem Café vorüber, in dem ein junger Mann mit seiner etwa dreijährigen Tochter saß und Eis löffelte. Der begrüßte meinen Begleiter und der stellte ihn mir vor: Viola. Damals als italienischer Fußball-Nationaltorwart europaweit ein Begriff. »Er wünscht dir viel Erfolg und vor allem die Visa!« übersetzte mir der Genosse und als ich Viola fragte, woher er so gut im Bilde sei, erzählte er mir, schon am Morgen in der Sportzeitung darüber gelesen zu haben.

Die Wünsche des Turiner Fußballidols machten mir Mut. Da war ein Star auf meiner Seite!

Als einer der ersten nahm ich im Kongresssaal Platz. Bald kam Sällfors und mahnte mich: »Kongressreden nur in Englisch oder Französisch. Aber ihre westdeutschen Landsleute haben seit Jahren einen exzellenten Dolmetscher dabei. Der hilft ihnen bestimmt.«

Sällfors irrte. Als die Westdeutschen zu viert erschienen, stellte ich mich ihnen vor und fragte als erstes, ob der Dolmetscher mir meine kurze Rede übersetzen würde. Das Quartett zog sich zurück, und dann teilte mir der Dolmetscher kühl mit: »Tut uns leid, aber ich darf nicht!« Fassungslos fragte ich nach den Gründen. »Man ahnt, worum es bei ihrer Rede geht und es könnte der Eindruck entstehen, die Bundesrepublik solidarisiere sich mit ihrem Protest. Unser Chef möchte auch noch wissen, wie sie denn überhaupt hierher gekommen sind. Sind sie Deutscher aus der DDR?« Ich bestätigte es ihm, und danach wurde zwischen dem Deutschen aus Ost und dem

Quartett aus West kein Wort mehr gewechselt! Wer stutzig werden sollte, mag sich trösten: Ich war es auch!

Es blieb mir allerdings wenig Zeit zum Stutzen, denn nun musste ich alle englischen Vokabeln notieren, die aus meinen Englisch-Stunden bei Lehrer Heinemann noch in der Erinnerung geblieben waren.

Ich war also mit der Mannschaft ein Opfer der Hallstein-Doktrin auf der aller untersten Etage – Kellergeschoss – geworden!

Plötzlich wurde ich aufgerufen, dem Kongress zu berichten, wie weit die Vorbereitungen für die Europameisterschaften 1958 in Leipzig gediehen seien und auf dem Weg zum Pult blinkte Sällfors mir grinsend zu: Er hatte das Loch in der Tagesordnung gefunden! Als ich am Pult stand, riss ich mich zusammen, pries mit ein paar Floskeln, was in Leipzig schon alles in die Wege geleitet worden sei, brach attraktiv mitten im Satz ab und fuhr fort: »Ich gestehe ihnen allerdings: Die Europameisterschaften von Turin liegen uns weit mehr am Herzen als die in vier Jahren in Leipzig. Morgen soll unsere erste Schwimmerin starten, aber noch sitzt sie in Berlin und wartet auf ihr Visum!«

Die Reaktion des italienischen Chef-Delegierten konnte den Saal glauben lassen, ich hätte ein Zündholz in ein Pulverfass geworfen. Laut tobend zeterte er, es sei nicht Sache des Kongresses, über Politik zu diskutieren oder über Visa, die vermutlich zu spät beantragt worden waren. Dieser Meinung schienen die meisten im Saal zu sein, aber dann erhob sich der britische Delegierte, ein früherer berühmter Schwimmer und empfahl den Delegierten, gelassen und abgeklärt, dass jemand dem Delegierten aus »East Germany« eine sachliche Antwort geben möge, denn die Worte des Italieners hätten die Frage nicht beantwortet, wann mit den Visa für die Ostdeutschen zu rechnen sei. Er schloss: »Fairness gilt nicht nur in England!«

Als alle schwiegen, ergriff er noch einmal das Wort: »Italien hat es übernommen, allen Teilnehmern die Einreise nach Italien zu garantieren. Wir erwarten also von ihnen, dass sie sich sogleich mit Rom in Verbindung setzen und uns mitteilen, wann die Visa erteilt werden.«

»Ohnehin zu spät«, murmelte einer der Westdeutschen gelangweilt neben mir. Ich sah auf die Uhr. Es war Viertel nach zwei. Das ließ wirklich keine langen Debatten mehr zu. Sällfors unterbrach den Disput und wandte sich an den Italiener: »Wir werden in 15 Minuten die Antwort hören!«

Alle bummelten hinaus an die Getränketheke. Ich spürte rundum Sympathie.

Nach knapp fünf Minuten kehrte der Italiener zurück. Seine Mitteilung war knapp: »Man sieht in Rom keine Möglichkeit!«

Dem Engländer sah man an, wie ungehalten er war. Seine Worte bestätigten das: »Unser Verband wird nunmehr den Antrag stellen, die Europameisterschaft abzusagen!«

Der Italiener stürzte aschfahl hinaus. Bei der Rückkehr, teilte er mit: »Das Außenministerium versichert dem Kongress, die Visa würden innerhalb der nächsten zwei Stunden ausgehändigt.« Der italienische Delegierte fügte von sich aus hinzu: »Ob die Zeit allerdings ausreicht, die ostdeutschen Schwimmer morgen früh rechtzeitig am Start zu sehen, muss bezweifelt werden.«

Ich kehrte an das Pult zurück, dankte allen für ihre Solidarität. Mein Freund Serge, der uns inzwischen ein Auto beschafft hatte, fragte mich: »Und nun?« Darauf ich: »Die Telefonnummer des Konsulats in Berlin beschaffen, denn dort wird die Truppe immer noch warten – und sicher nicht nach Hause gefahren sein.«

Die Nummer war in fünf Minuten zur Hand. Als ich anrief, holte man unseren wartenden Mannschaftsleiter und ich schilderte ihm mit wenigen Worten die Lage. Ein niederländisches Flugzeug, das vorsichtshalber schon für einen Flug Berlin-Turin gechartert worden war, kam nicht mehr in Frage, weil abends nur Fluggesellschaften der Alliierten Berlin anfliegen durften.

Die niederländische Fluggesellschaft erreichte mich über das Kongressbüro und teilte mit: Frankfurt (Main) – Turin könne man auch nachts fliegen und die US-Amerikaner hätten abends zahlreiche Berlin-Flüge auf dem Plan.

Wieder rief ich das Konsulat an. Der Mann, der mir den Stempel gegeben hatte, erinnerte mich daran, dass er mir eine gute Reise gewünscht hatte. Dann holte er den Mannschaftsleiter aus dem Warteraum. (Zuweilen hatte ich das Gefühl, mit Jutta zu telefonieren ...)

Dem Mannschaftsleiter berichtete ich, dass die Italiener die Visa fest zugesagt hätten, beschwor ihn, das Konsulat nicht zu verlassen, und sich notfalls vor die Tür zu setzen. Dann jagte ich wieder los.

Der Kongress saß noch beisammen. Sällfors unterbrach und bat mich um Auskunft über den Stand der Dinge. Viel hatte ich nicht zu sagen, aber als Erstes dankte ich dem Briten im Namen der DDR-Mannschaft und dann wünschte ich den Italienern erfolgreiche Europameisterschaften, was der Saal mit Beifall quittierte. Die Mienen der Deutschen neben mir blieben steinern. Aufatmend trat ich vor die Tür, wo mir der italienische Genosse eine neue Hiobsbotschaft übermittelte: Die niederländische Maschine dürfe nachts nicht in Turin landen! Die Genossen beruhigten mich: Der Flughafenchef sei Genosse und ein ehemaliger Partisanenoffizier, der sicher einen Ausweg finden würde. Mein »Adjutant« erreichte ihn.

»Bin im Bilde«, versicherte er, »was ich tun kann, wird getan. Werde als erstes Frankfurt am Main von einer Ausnahme-Landeerlaubnis in Kenntnis setzen. Die geht auf meine Kappe.«

Mein nächster Weg führte mich wieder ins FINA-Hotel. Ich musste dort noch Busse bestellen. Freundlich empfing man mich auch hier, eröffnete mir aber, dass Busse nur nach vorheriger Barzahlung fahren würden. Man habe in den letzten beiden Tagen schlechte Erfahrungen gemacht. Die Summe hatte ich nicht bei mir, zumal mir keine Zeit geblieben war, meinen Scheck vor Kassenschluss bei der Bank einzulösen.

Plötzlich tippte mir jemand. auf die Schulter. Es war einer der Herren des Hotel-Empfangs. »Keine Sorge Genosse, wir helfen Ihnen. Nehmen Sie erstmal Platz!«

Ich konnte mir nicht vorstellen, wie er mir helfen könnte, aber keine zwanzig Minuten später kam jemand in die Hotelhalle, hob die rechte Faust, sagte strahlend »Rot Front!« und stellte sich als Besitzer zweier Busse vor, der Tag und Nacht bereit sei, deutsche Genossen zu fahren.

Dann meldete sich der Flughafenchef. Englisch teilte er mir mit: »Hatte eben mit der Maschine die erste Funkverbindung. Alle schlafen.«

Zwei Stunden nach Mitternacht landete die Maschine auf dem Turiner Flugplatz. Der Chef hatte die Polizisten und die Zollbeamten nach Hause geschickt, so dass wir mit dem Bus direkt aufs Rollfeld fahren konnten und die Aktiven gleich von der Gangway in den Omnibus stiegen. Im Bus erhielt jeder einen von mir vorbereiteten Zettel mit seiner Zimmernummer und eine Stunde danach lagen die Aktiven im Hotel in tiefem Schlaf.

Die Trainer drängten sich in meinem Zimmer, die Notizblöcke voller Fragen, von denen ich ihnen so manche nicht beantworten konnte.

»Wie tief ist das Becken?«

»Wie hoch ist die Wassertemperatur?«

»Wann exakt wird der erste Lauf gestartet?«

Die letzte Frage war die wichtigste: »Wie kommt Jutta Langenau ins Stadion, wie weit ist das entfernt?«

Ich stülpte meine Brieftasche um. Das Geld konnte für die Taxifahrt ins Stadion gerade noch reichen.

Der Aufbruch verlief hektisch. Jutta rieb sich lange den Schlaf aus den Augen, stieg aber auf den Startblock, als sie aufgerufen wurde.

Als sie eine gute Minute später wieder aus dem Wasser stieg, jubelte der Stadionsprecher: »Der erste Weltrekord!«, und Generalsekretär Sällfors klopfte mir auf die Schulter: »Ihre Freundin? Jetzt verstehe ich Ihren Eifer. Das haben Sie fabelhaft gemacht!«

Jutta umarmte und küsste mich vor allen Leuten, bis ich klitschnass war und jubelte: »Weltrekord? Ich hatte auch den Bauch voller Zorn!«

Als sie am Nachmittag zur Siegerehrung wollte, rief sie plötzlich verzweifelt nach mir: »Die wollen das Deutschlandlied spielen!«

Das hatte ein Wessi schon Stunden vorher eingefädelt und dem Plattenaufleger eingeschärft: »Und wenn sie ›Hänschen klein‹ spielen, aber ums Verrecken nicht diese Hymne!« Nebenbei dürfte er ihm einen Lire-Schein mit vielen Nullen in die Jackentasche geschoben haben. Das alles zog sich hin. Die Zuschauer warteten auf die erste Siegerehrung.

Sie warteten noch weiter, denn inzwischen war ich in des Tontechnikers Kabine gestürmt, mit dem ich ebenfalls schon am Morgen verhandelt hatte. Er hatte zwar nicht begriffen, warum »Deutschland, Deutschland über alles« in diesem Fall nicht die richtige Platte sein sollte, erinnerte sich aber noch, wohin er meine gelegt hatte und holte sie hervor. Allerdings legte er die falsche Seite auf und so hörten die Zuschauer Ton und Text – Eisler und Becher alle drei Strophen!

Tags darauf konnte man aus fast allen Zeitungen erfahren, warum zu Ehren der ersten Europameisterin nicht das Deutschlandlied gespielt worden war. »Sie kommt aus einem anderen Deutschland«, erklärte die größte Turiner Zeitung ihren Lesern. Und hatte damit Recht!

Der Kampf gegen diese Hymne und das Land, in dem sie an Feiertagen gespielt wurde, währte länger als der Dreißigjährige Krieg!

Schritt um Schritt

1945

Ein Komitee inmitten von Ruinen

Am 7. Juni 1945 hatte Arthur Werner, bis zu dem Tag, da er vom Stadtkommandanten Kotikow zum Oberbürgermeister von Berlin ernannt worden war, Direktor einer privaten Technik-Hochschule, ein Berliner Sportamt berufen. Vorsitzender war Franz Müller, bis zum Naziputsch 1933 Vorsitzender des Arbeiter- und Sportkartells. Sein Stellvertreter wurde Max Preuß, sozialdemokratischer Stadtoberturnrat, bis ihn die Nazis 1933 aus dem Amt trieben. Mitglieder wurden Hans Mickinn, kommunistischer Sportredakteur, 1934 zu lebenslanger Zuchthaushaft verurteilt, Hans »Hanne« Sobeck, Berlins populärster Fußballspieler (der zehn Länderspiele bestritten hatte, zweimal mit Hertha BSC deutscher Meister geworden war, sich dann einen Namen als Rundfunkreporter gemacht hatte), Otto Schippke, Mitglied der Reichsleitung der oppositionellen Arbeitersportler, Arno Kölblin, Profischwergewichtsboxer, der es im Sportpalast bis zum Europameister gebracht hatte, Karl Kosel, Vorsitzender der bürgerlichen Freien Turnerschaft Berlin, Arthur Priefert, einst Leiter der oppositionellen Handball-, Hockey- und Tennissparten der Arbeitersportler und Sportlehrerin Frieda Trampe. Um ein weiteres Mitglied gab es langen Streit: Carl Diem. Er hatte bei den Faschisten eine führende Rolle schon bei der

Vorbereitung der Olympischen Spiele 1936 in Berlin und der Winterspiele 1936 in Garmisch-Partenkirchen gespielt und während des Krieges die Propaganda mit geprägt. Den Überfall auf Frankreich rühmte er in der Zeitung *Das Reich* »mit atemloser Bewunderung als den Sturmlauf, diesen Siegeslauf«, und noch am 18. März 1945 trommelte er die Berliner Hitlerjugend zum »finalen Opfergang für den Führer« zusammen. Alle Einwände gegen seine Berufung, die den sowjetischen Stadtkommandanten erreichten, wurden dort mit dem Hinweis abgewiesen, man wolle »alle« an einem Tisch sehen, damit »alle« die Katastrophe gemeinsam überwinden. Im Verlauf der Gründungssitzung ließ die Besatzungsmacht andererseits keine Zweifel aufkommen: Durch alliierte Befehle waren das faschistische Reichssportamt, alle Instanzen und Vereine des Nationalsozialistischen Reichbundes für Leibesübungen aufgelöst worden. Es blieb die Frage: Womit sollte dieses Komitee und wie beginnen?

Sportfest mit 6.000 am Seelenbinder-Grab

Als erstes wollte man inmitten der Ruinen ein Sportfest arrangieren. Kritische Antworten. Man stolperte über Trümmerpfade und wusste nicht, ob Verwandte am anderen Ende Berlins noch lebten. Der Faschismus war zwar besiegt, aber noch längst nicht alle Toten bestattet. Und mittendrin fröhliche Wettläufe? Man wagte es trotz aller Bedenken: Im unversehrten Stadion Neukölln sollte ein Sportfest stattfinden, zu dessen Auftakt die Beisetzung der Urne Werner Seelenbinders stattfinden sollte.

Von Ahnungslosen wurde er verdächtigt, mit der Berufung in die deutsche Olympiamannschaft von 1936 Intentionen der KPD ignoriert zu haben – tatsächlich hatte der Ringer hatte die Spiele von '36 für eine aufsehenerregende antifaschistische Aktion nutzen wollen. Wohl selbst aber durch das Hakenkreuz auf dem Trikot gehemmt, vergab er die erwartete Medaille, die er für seine Protestaktion benötigt hätte. Danach von den Nazis verhaftet, war er in Brandenburg 1944 hingerichtet worden.

Am 29. Juli 1945 trug man seine Urne vor 6.000 durch Mund-zu-Mund-Propaganda mobilisierte Berliner aus allen Sektoren auf dem Stadionwall zu Grabe. Hans Mickinn, der mit dem Hingerichteten unter dem gleichen Zuchthausdach gelitten hatte, hielt die Urne in den Händen. Viele hatten Vorbehalte gehegt, dass man solch eine Gedenkstunde nicht mit einem Sportfest in Einklang bringen könne. Ihnen versicherte Erich Rochler, der Seelenbinder bis zur Verhaftung trainiert hatte, vom Stadionpult: »Der sportliche Rahmen wäre in seinem Sinn gewesen: Krieg zu Ende, Faschismus besiegt, endlich wieder friedlicher Sport!« Als das Grab geschlossen war, begann das erste Berliner Nachkriegssportfest.

Handballerinnen wirbelten herein. Die Mannschaft Tempelhof/Neukölln gewann ein Kurzspiel gegen Spandau/Wilmersdorf 2:1, im 3.000 m-Lauf stürmte der Neuköllner Rehn umjubelt zum Sieg, die 100 m gewann der Weddinger Treugut, eine Turnriege zeigte Begeisterndes an einem aus Trümmern geborgenen Barren, Radrennfans feierten die Mannschaft Jährling/Tulies als Sieger eines Mannschaftsrennens.

Am Grab Seelenbinders durften die Ringer nicht fehlen: Kurt Fey gewann ein großartiges Dreierturnier. Danach stürmten Fußballer aufs Feld: Berlin/Nordwest gegen Berlin/Südost. 1:0 siegten die »Südler«. Das Tor hatte Gerhard Graf vom Mariendorfer Verein Blauweiß 90 geschossen. Niemand fragte an diesem Tag nach Ost oder West.

Nachrichtenbote erster Berliner Straßenmeister

Berlins Straßenfahrer wollten das erste Friedensjahr nicht ausklingen lassen, ohne einen Meister zu küren. Man suchte zwischen Trümmern einen Rundkurs befahrbarer Straßen und fand ihn in der Schleife Schreiner-, Proskauer-, Rigaer-, Waldeyer- und wieder Schreinerstraße. Am Sonntag dem 16. Oktober 1945 reihten sich alle, die ein fahrtüchtiges Rennrad besaßen, ungeachtet des Sauwetters in der Schreinerstraße auf. Von den Favoriten fehlte nur Matysiak, der – so munkelte man – einer Rad-Kartoffel-Tour in die Mark den Vorzug gegeben hatte, weil ihm die hungernde Familie wichtiger war als der Titel. In der 18. Runde riskierten Koppke und Zawadski den entscheidenden Vorstoß, der ihnen rund 500 Meter Vorsprung eintrug. Zawadski gewann die beiden letzten Wertungen und damit den Titel. Einige, die ihm gratulierten, lästerten grinsend: Kein Wunder, »wer für die Russen fährt ...« Der Hintergrund dieser Bemerkung: Zawadski fuhr die auf grobem Papier kopierten Nachrichten des in Weißensee residierenden sowjetischen Nachrichtenbüros SNB zweimal täglich zu den Zeitungsredaktionen in allen Sektoren.

Um das noch zu »illustrieren«: Am Tag nach seinem Meister-Sieg fuhr er folgende Mitteilungen zu den Medien: »Der Oberste Chef der Sowjetischen Militärverwaltung in Deutschland, Marschall Shukow, setzte 14 weitere Nazi-Gesetze außer Kraft, darunter: 9. Die Verordnung über die Ausschaltung der Juden aus dem deutschen Wirtschaftsleben vom 12. November 1938; 10. Die Polizeiverordnung über das Auftreten der Juden in der Öffentlichkeit vom 28. November 1938; 12. Die Kennzeichnung der Juden vom 1. September 1941«, und außerdem wurden die Berliner informiert, dass auf dem Hochbahn-Abschnitt der

U-Bahn zwischen Warschauer Brücke und Halleschem Tor der Verkehr wieder aufgenommen wird.

1946

Der nach Schleswig verzogene Herzog Adolf Friedrich zu Mecklenburg gründete – von niemandem dazu ermächtigt – als Nachfolgeinstanz des deutschen Olympischen Komitees einen Deutschen Olympischen Ausschuss. Fraglich ist zu diesem Zeitpunkt allerdings, ob die deutschen IOC-Mitglieder nicht wie nach dem Ersten Weltkrieg etwa ausgeschlossen würden. Ritter von Halts Mitgliedschaft war mehr als umstritten, weil er als Kriegsverbrecher in Buchenwald inhaftiert worden war. Auch des Herzogs Vergangenheit bot Anlass zu Zweifel: von 1912 bis 1914 letzter Gouverneur der deutschen Kolonie Togo, nach dem Ersten Weltkrieg Vizepräsident der Deutschen Kolonialgesellschaft, von 1934 bis 1939 Reisen im Auftrag des Reichspropagandaministeriums nach Afrika und Asien.

1947

Butter als Startgeld

Im Osten wurde mit Eifer die sportliche Einheit angestrebt, nachdem die von den Besatzungsmächten eingerichteten Zonen die Spaltung des Landes vorantrieben.

Ein Beispiel von vielen: 1947 organisierte die Zeitung

Neues Deutschland im Zentrum Berlins die erste gesamtdeutsche Radsport-Straßenmeisterschaft. Fast 100.000 Menschen säumten die Strecke »Rund um den Pfefferberg«. Allerdings war es problematisch, die gesamte deutsche Elite an den Start zu bringen, denn inzwischen prägten Profirennen die Szene, und deren Star-Teilnehmer forderten stattliche Startgelder. (Siegpreis war in der Regel eine Flasche Schnaps, die auf dem Schwarzen Markt mit 800 Reichsmark gehandelt wurde.) So forderten die in Süddeutschland lebenden Stars und Favoriten der Meisterschaft, Schwarzer, Mirke und Preiskeit, für die Teilnahme vom Veranstalter je ein Pfund Butter.

Das SED-Blatt hätte also als Veranstalter auf dem Schwarzen Markt 1.500 Gramm Butter für 2.400 Reichsmark beschaffen und als »Startgeld« den Rennfahrern zukommen lassen müssen, was dem Zentralorgan der Sozialisten schon moralisch nicht zuzumuten war. Einer der beiden Vorsitzenden der Partei, Wilhelm Pieck, half den Organisatoren aus dieser Klemme, in dem er an Neubauern appellierte, die drei Pfund an den Start zu bringen und dort den Rennfahrern auszuhändigen. Die so vorab Honorierten sahen allerdings während des Rennens keinen Stich. Deutscher Meister wurde der spurtstarke Nürnberger Voggenreiter.

1948

Die Währung spaltete den Sport endgültig

Der entscheidende Schritt, der die deutsche Wirtschaft – und auch den Sport – spaltete, war die Währungsaktion der Westalliierten: Ohne die Sowjetische Besatzungsmacht in Kenntnis zu setzen, wurde am 20. Juni die Reichsmark in den Westzonen außer Kraft gesetzt. Die Folge war, dass die über Nacht im Westen wertlos gewordene Währung in die Ostzone floss, wo beispielsweise der Preis für ein Brot innerhalb einer Stunde auf 120 Reichsmark stieg und eine Katastrophe nur durch eine über Nacht von den Sowjets veranlasste und der Ostzonen-Notenbank durchführte Klebemarkenaktion verhindert wurde. Die im Osten nun geltenden Geldscheine waren ungültig gewordene Reichsmarkscheine, die von über Nacht mobilisierten Angestellten der Banken und der Post mit einem briefmarkengroßen Aufkleber versehen wurden.

Das Leben war im Ostsektor und der Ostzone 24 Stunden zum Erliegen gekommen, was auch für den Sport galt. An Eintrittskassen wurde kein ungültiges Geld entgegengenommen, und auch die in den Westsektoren neu eingeführte Westmark konnte kaum irgendwo gewechselt werden. So wurden in ganz Berlin alle Spiele abgesagt, ebenso wie die Pferderennen und ein mit Spannung erwartetes Tennisturnier. Die ins Poststadion gekommenen Berliner Leichtathleten konnten ihre Meister nicht ermitteln und zogen wieder nach Hause.

Gesamtdeutsche Fußballmeisterschaft abgebrochen

Auch die über Monate mühsam geführten Verhandlungen zwischen Ost und West, eine gesamtdeutsche Fußballmeisterschaft durchzuführen, gerieten in Gefahr. Der mühsam vereinbarte Modus sah vor, je zwei Mannschaften aus der amerikanischen, der britischen, der französischen Zone, und je eine aus Berlin und der sowjetischen Besatzungszone aufeinander treffen zu lassen. Das Turnier hatte bereits begonnen. Als nächstes Spiel hätte die Begegnung zwischen Union Oberschöneweide und dem FC St. Pauli stattfinden sollen. Die Hamburger hatten sogar einen Sponsor gefunden, der ihnen, um der Titelhoffnungen willen, den Berlin-Flug bezahlen wollte. Im Hintergrund hoffte Stuttgart, dass dieses Angebot an der Währungsreform doch noch scheitern würde und man selbst als »Ersatz«-Gegner nach Berlin fahren könnte. Aber des Sponsors Flug rettete dann doch die Partie. Union wurde im überfüllten Olympiastadion 7:0 überrannt. Der Ostzonenmeister Planitz hatte weder einen Sponsor noch Westgeld, um nach Nürnberg reisen zu können, so dass Nürnberg kampflos eine Runde weiterkam und später auch das Finale gewann. Bliebe noch die Feststellung, dass auch die Initiative zu dieser ersten, einzigen und unvollendeten Meisterschaft von den Funktionären der sowjetischen Besatzungszone ausgegangen war!

Der Deutsche Sportausschuss wird gegründet

Am 1. August wandten sich in der Ostzone der Gewerkschaftsbund (FDGB) und der Jugendverband (FDJ) mit dem Aufruf an die Öffentlichkeit, einen Demokratischen Sportausschuss zu gründen: »Die Zeit des Aufräumens und der Vorbereitung ist nun vorbei und endlich könne an den Aufbau einer einheitlichen demokratischen Sportbewegung« gegangen werden.

Am 1. Oktober trafen sich im »Haus der Jugend« in der Berliner Kronenstraße Delegierte der Sportbewegung aus den Ländern der sowjetischen Besatzungszone und geladene Gäste, darunter auch Vertreter der sowjetischen Besatzungsmacht (SMAD). Der FDJ-Vorsitzende Erich Honecker hielt die eine, Hans Jendretzky, Vorsitzender des FDGB, die andere Gründungsrede. Sie beriefen die Mitglieder des Sekretariats des Deutschen Sportausschusses: Waldemar Borde (Leiter), Erich Zimmer (Organisation), Robert Riedel (Technischer Leiter), Manfred Ewald (Kultur und Bildung), Karl-Heinz Bunge (Jugendsport und Personalreferent), Lothar Eichhorn (Kindersport), Anneliese Emminger (Frauensport), Otto Heimberger (Presse, Rundfunk und Film), Erwin Hübenthal (Betriebssport).

1949

Letzte Hoffnung: Länderpokal

Am 20. August hatte sich der Deutsche Sportausschuss mit einer Erklärung an die Öffentlichkeit gewandt: »In der Zerrissenheit des Deutschen Sports fällt ein schmaler Lichtschein, der sich aber, wie wir hoffen, zum hellen Feuer der Einheit des gesamtdeutschen Sports vergrößern kann. In der Ostzone werden morgen die beiden Ausscheidungsspiele für die Vorrunde um den ›Pokal der Deutschen Länder‹ durchgeführt. Die Auswahlmannschaften von Mecklenburg und Brandenburg stehen sich in Potsdam gegenüber, und die Repräsentativen von Sachsen-Anhalt und Thüringen messen in Erfurt ihre Kräfte. Mit diesen beiden Spielen beginnt zum ersten Mal nach dem Kriege ein Pokalwettbewerb, der den gesamten deutschen Fußballsport umfasst.«

Ohne Fritz Walter verloren

Nachdem vier Ostzonenmannschaften durch Niederlagen ausgeschieden waren, traf im Viertelfinale am 13. November 1949 vor 35.000 Zuschauern in Nürnberg Bayern auf Sachsen und die Gastgeber triumphierten 5:1. Die Pfalz bezwang Westfalen in Ludwigshafen vor 45.000 Zuschauern mit 2:1. Hamburg besiegte Nordwürttemberg in Hamburg vor 28.000 Zuschauern mit 2:1 und Niedersachsen überrannte Südwürttemberg in Osnabrück vor 12.000 Zuschauern mit 7:0. In den Halbfinals siegte am 22. Januar 1950 Bayern 6:2 gegen Niedersachsen und die Pfalz 5:0 gegen Hamburg. Im Finale traf am 19. März 1950 vor 89.000 Zuschauern in Stuttgart Bayern auf die Pfalz. Ohne ihren überragenden Spielmacher Fritz Walter verloren die Pfälzer 0:2.

Die Zuschauerzahlen wurden erwähnt, weil sie das deutschlandweite Interesse an diesem von der Ostzone angeregten und danach nie wieder ausgetragenen Länderpokal belegt.

Fußballbund endgültig ohne Ostzone

Die Würfel waren ohnehin gefallen, als am 7. Juni von Peco Bauwens als erster westdeutscher Sport-Fachverband der Deutsche Fußballbund (DFB) gegründet wurde. Bauwens ignorierte damit das Verbot der Alliierten, den Namen DFB zu führen. Bis 1955 wurden in den drei Zonen der westlichen Besatzungsmächte alle Sportfachverbände als Bundesverbände neu gegründet. Der Deutsche Sportausschuss war zu keiner Konferenz einberufen worden.

Marathonlauf gegen Stumm

Der Sommer bescherte der Sportorganisation der Ostzone eine verständliche Euphorie auslösende Einladung zu einem ersten Auslandsstart! Eine 155-köpfige Mannschaft war nach Budapest zu den II. Weltjugendfestspielen eingeladen worden!

Den Auftakt zu diesem Fest bildeten Staffelläufe, mit Botschaften aus vielen europäischen Hauptstädten, nach Budapest. Einer kam aus Oslo per Schiff, machte in Wismar fest, führte durch die Ostzone, dann durch Westberlin und wurde an der tschechoslowakischen Grenze übergeben.

Am 7. August, einem Sonntag, passierte der erste Läufer mit den Osloer Grüßen den Grenzübergang Staaken.

Ich saß in einem Begleitauto des *Neuen Deutschland*, neben mir ein Fotograf und Werner Eberlein, der tags zuvor aus Sibirien heimgekehrt war und die Viersektorenstadt kennenlernen wollte. Es war ein strahlender Sommertag. Organisiert hatte man die Staffel durch Westberlin mit zwei Möbelwagen. Um zu befürchtende Probleme zu vermeiden, stieg jeweils ein Läufer aus dem vorderen Möbelwagen nach der Absolvierung seiner Teilstrecke in den hinteren.

Als die Läufer sich dem Zoo näherten, stieß der Wagen des Westberliner Polizeipräsidenten Stumm hinzu. Auf dessen Weisung wurde der letzte Läufer auf eine andere Strecke geleitet und da die Möbelwagen weiter dem mit der Polizei vorher vereinbarten Kurs folgten wurde kein Läufer mehr erwartet, der ihn hätte ablösen können.

Ein einziger Fehler war Stumm, der den Lauf in Westberlin hatte enden lassen wollen, unterlaufen: Er hatte unseren Wagen übersehen. Der letzte Läufer war zunächst ratlos durch ihm unbekannte Nebenstraßen getrabt, und inzwischen hatten wir uns entschlossen, gemeinsam mit dem letzten Läufer zu viert die Marathonstrecke nach Dreilinden zu absolvieren, wo wir umjubelt anlangten.

Alle Starts abgesagt!

Tage später erreichten die allerletzten Läufer aus allen Himmelsrichtungen das überfüllte Budapester Stadion. Als wir bester Stimmung in unser Quartier – einer Schule in der Bela-Bartok-Utca – heimkehrten, erwartete uns eine schockierende Mitteilung: Sportler aus der deutschen Ostzone dürfen nicht an den Wettkämpfen teilnehmen.

Die Stimmung, die diese Mitteilung auslöste, muss nicht beschrieben werden.

Was war geschehen? Der 1946 in Prag gegründete Internationale Studentenbund (IUS) wollte die Sportwettkämpfe im Rahmen der Studentenweltmeisterschaften austragen. Eine Intervention aus Bonn hatte die Engländer und Franzosen im Vorstand des Weltstudentenbundes daran erinnert, dass die Sportverbände der sowjetischen Besatzungszone noch nicht Mitglied internationaler Verbände seien. Wer gegen sie anträte, würde also gegen die Statuten der Studentensportorganisationen verstoßen.

Niemand hatte mit einer solchen Intervention gerechnet. Die Ungarn waren ratlos, konnten aber nicht gegen Normen der Föderationen verstoßen. Es war dies – 1948, also noch vor Gründung der DDR! – die erste Vereitelung eines Starts von Ostzonenathleten. Die Stimmung in den Mannschaften war fatal. Man konnte sie nur einladen, an Massensportwettkämpfen teilzunehmen – wo die Bandmaße nicht ausreichten, um zum Beispiel die Kugelstoßweite des Ostzonenmeisters Ernst Schmidt zu ermitteln.

Die Fußballspieler bildeten zwei Mannschaften und droschen den Ball auf dem Schulhof. Die so erwartungsvoll angetretene Reise nach Budapest drohte für die Sportler mit einem Desaster auf den Zuschauerrängen zu enden. Vor allem: Niemand schien einen Ausweg zu wissen.

Zwei Tage später stürmte eine Dolmetscherin am frühen Morgen strahlend in den Schlafsaal: »Heute geht's los mit Fußball!«

Die meisten schliefen noch. Sie schrie: »Es geht los!«, alle sprangen aus den Betten und hoben sie aufs Lehrerpult. Sie schwor: Überall in der Stadt hingen schon Plakate, die das Fußballspiel Budapest gegen die deutsche Ostzonenauswahl ankündigten. Dann kam ein anderer Dolmetscher und erzählte, dass auf dem Postsportplatz ein Leichtathletikfest mit allen Ostzonenmeistern stattfinden würde.

Niemand begriff, was geschehen war, bis ein Ungar erschien, der das Wunder endlich erklären konnte: Ein ungarischer Funktionär hatte den Ausweg gefunden. Er war in die Sitzung des Studenten-Weltmeisterschaftskomitees gegangen und hatte den Funktionären versichert, er habe in Erfahrung gebracht, die Ostdeutschen seien ausnahmslos Mitglieder des Weltgewerkschaftsbundes und hätten demzufolge das Recht, gegen eine andere Gewerkschaftsauswahl Fußball zu spielen.

Den englischen Funktionär, der die Sperre ausgelöst hatte, überzeugte dieses Argument, und so starteten von nun an alle, die gegen Ostdeutsche antraten, als »Gewerkschafter«.

Auf dem Ferencvaros-Platz, dessen Ränge nach der Plakat-Ankündigung überfüllt waren, trat die Budapester Elf mit neun Nationalspielern an, erzielte bereits in der ersten Minute durch Szilagyi den Führungstreffer und bis zur Halbzeit zwei weitere Tore. Nach dem Wieder-Anpfiff war die Ostzonenauswahl nicht wiederzuerkennen. Der Zwickauer Lenk vollendete zwei Alleingänge mit Treffern, und mehr als einmal hing der Ausgleich in der Luft. So endete der erste internationale Vergleich einer Ostzonenelf gegen Ungarn 2:3, und die Gäste hatten dabei derart imponiert, dass sie gleich nach dem Abpfiff zu zwei weiteren Spielen in ungarische Städte eingeladen wurden. Eines davon, in Debreczen, gewann sie sogar.

Bei den Leichtathleten konnte der Potsdamer Sprinter Lazina zwei Siege erringen und der Rostocker Hochspringer Langhoff erzielte mit 1,90 m einen Ostzonen-Rekord, der heute noch in den Statistiken zu finden ist. Nach der Rückkehr wurde die Mannschaft am Ostbahnhof mit viel Jubel empfangen.

Seelenbinders Name wieder gestrichen

Drei Jahre waren seit jenem ersten Nachkriegssportfest vergangen, als die Verwaltung des Stadtbezirks Neukölln im US-amerikanischen Sektor Berlins entschied, das Stadion wieder umzubenennen und den Namen Seelenbinder zu streichen. Ab 14. September 1948 hieß es wieder »Stadion Neukölln«. Vor allem aber: Als Begründung für diesen Schritt nennt das Internet-Lexikon Wikipedia heute: »1950 wurde der Name wieder getilgt, weil Seelenbinder Kommunist gewesen ist.« Damit begnügte man sich nicht. Das Grab wurde mit Gittern umzäunt und verschwand hinter hohen Hecken. Geklärt wurde auch: »Zweimal im Jahr ist es erlaubt, zum Geburtstag und Todestag, unter Polizeiaufsicht an seinem Grab Blumen niederzulegen.«

Fünfzig Jahre vergingen, ehe man sich am 24. Oktober 2004 entschloss, der Stätte wieder den Namen Werner-Seelenbinder-Sportpark zurückzugeben.

NOK der BRD gegründet

Am 23. Mai war die Bundesrepublik gegründet worden. Am 20. September 1949 verkündete Adenauer das auch für den Sport geltende außenpolitische Konzept der Bundesregierung: »Die Bundesrepublik Deutschland ist allein befugt, für das deutsche Volk zu sprechen.«

Am 24. September erfolgte im Museum König in Bonn die Gründung des Nationalen Olympischen Komitees, das sich schon vom Namen her nicht nur für die Bundesrepublik für kompetent erklärte, sondern sich »NOK für Deutschland« betitelte. Herzog Adolf Friedrich zu Mecklenburg hielt eine Rede und wurde von den Anwesenden zum Präsidenten gewählt.

Die entscheidende Rede hielt Vizekanzler Franz Blücher: »Wenn wir heute hier erschienen sind, um das Nationale Olympische Komitee zu begründen, dann ist in der Tat – soweit wir heute von einer Nation sprechen können – diese Nation hier vertreten.«

Die Welt vom 27. September 1949 konstatierte: »Die staatspolitische Entwicklung der Bundesrepublik verlangt vom Sport als ein integrierender Bestandteil unseres heutigen Kulturlebens notwendigerweise eine möglichst rasche Anpassung an die staatlichen Gegebenheiten.«

Diem suchte verbündete in der Schweiz

In einem »Rundschreiben 6« berichtete Diem über seine Reise 1949 in die Schweiz, mit der er die Anerkennung des bundesdeutschen NOK durch das IOC auf dem Kongress in Kopenhagen 1951 vorbereiten wollte. Er befürchtete, dass vor allem IOC-Mitglieder, die während des Zweiten Weltkriegs persönlich unter der faschistischen Verfolgung gelitten hatten – wie der in ein KZ-Lager verschleppte Niederländer P. W. Scharoo – gegen eine Anerkennung des bundesdeutschen NOK votieren würden. Diem in seinem Bericht: »Das jetzige Argument gegen die Aufnahme ist die Zweiteilung Deutschlands: Man könne nur ein wirklich deutsches Komitee aufnehmen, und gegenwärtig sei Ostdeutschland nicht von dem jetzigen Nationalen Olympischen Komitee erfasst.« Die Wahl des Wortes »erfasst« lässt erahnen, wie er sich die Vereinigung vorgestellt hatte.

1950

Der gescheiterte Pokaldiebstahl

Am 10. Juli wurde in Stuttgart die erste bundesdeutsche Fußballmeisterschaft ausgetragen. Den Sieger – im Finale standen sich der VfR Mannheim und Borussia Dortmund gegenüber – hoffte der Deutsche Sportausschuss für ein Spiel gegen den Ostzonenmeister SG Planitz gewinnen zu können. Man hatte sich rechtzeitig bemüht, mit beiden Finalisten Verträge abzuschließen. Die Mannheimer weigerten sich zwar, ihn zu signieren, Dortmund aber unterschrieb. Der bundesdeutsche Fußballbund lud immerhin eine Delegation des Deutschen Sportausschusses der DDR zum Finale nach Stuttgart ein.

48 Stunden bevor man diese erste bundesdeutsche Nachkriegsmeisterschaft anpfiff, wurde in Dortmund eine Operation gestartet, von der man sich erhoffte, dem Meister nach Ende des Spiels die »Victoria« überreichen zu können, jenen Pokal, mit dem seit 1903 die deutschen

Meister geehrt worden waren. Der letzte Meister 1944 war der SC Dresden gewesen. Dort glaubte man, den Pokal in einer Gärtnerei gut genug versteckt zu haben. Das aber hatte ein Anhänger der Dresdner den Dortmundern verraten. Die hatten zwei Tage vor dem Finale einen in Dresden Kundigen an die Elbe geschickt, der dem Gärtner gegenüber behauptete, man wolle den Pokal nur fotografieren, und das Entgegenkommen mit ein paar Stangen Zigaretten honorierte. Tatsächlich aber verschwand der Dortmunder mit der »Victoria«, schleppte die ein Meter hohe und 20 Kilogramm wiegende Trophäe in einen Schuppen, ließ sie dort straff in bereitliegende Sackleinwand wickeln und deponierte sie dann in der Gepäckaufbewahrung des Dresdner Bahnhofs Neustadt. Dort sollte sie ein Stuttgarter mit einem Kleinlaster abholen.

Was damals niemand ahnte und heute auch gern totgeschwiegen wird: Der damals noch in Dresden lebende Helmut Schön – offiziell Mitglied des Deutschen Sportausschusses der DDR – war an der Aktion beteiligt. In seinen Memoiren bekannte er: »Damals versuchte man, die Viktoria-Statue von Dresden in den Westen zu bringen, damit sie dort wieder den neuen Meistern überreicht werden konnte. Unsere Aktion ging schief.« Unsere Aktion? Deutlicher konnte er das Geständnis nicht formulieren.

Ich fungierte damals als Pressechef des Deutschen Sportausschusses, und als Schön zu fürchten begann, dass das Vorhaben misslingen könnte, wollte er sich wohl ein Alibi verschaffen und hatte die führenden Funktionäre des DS von dem Diebstahl informieren wollen. Die aber waren längst auf dem Weg nach Stuttgart und so erreichte er nur mich.

Was konnte ich von Berlin aus unternehmen? Nach vielen Telefonaten trieb ich einen Freund auf, der ein Beiwagen-Motorrad besaß und mit mir sofort in die Elbestadt aufbrach. Am späten Freitagabend traf ich Schön und sein schlechtes Gewissen entging mir nicht. Meine energischen Fragen verunsicherten ihn noch mehr und als er eher zufällig das Wort »Gepäckaufbewahrung« fallen ließ, ahnte ich, wo die Figur deponiert worden sein könnte. Ich brauchte nicht viel Phantasie, um mir auszumalen, wie man in Stuttgart die in Dresden »befreite« Victoria bejubeln würde und in welche Situation meine Vorstands-Freunde auf der Tribüne geraten würden. Dresden hatte nur zwei Gepäckaufbewahrungen. In der des Bahnhofs Dresden-Neustadt entdeckten wir auf Anhieb das massige Sackleinwandbündel. Nun musste nur noch die Polizei alarmiert und gewartet werden, bis der Dortmunder in der Nacht mit ahnungsloser Miene erschien.

In der DDR wurde die Victoria restauriert und in sicheres Gewahr gebracht. 1990 brachte man sie in ein Museum. Auch diesen misslungenen Diebstahl fand man nirgends in der deutsch-deutschen Sportgeschichte erwähnt.

DDR-Ringerstaffel hinter Gittern

Am ersten Oktober-Wochenende begab sich eine Thüringer Ringerauswahl, zu der allein sieben DDR-Meister gehörten, zu lange vereinbarten Starts nach Essen und Köln. Statt der Duelle auf den Matten erwarteten sie jedoch Gefängniszellen. Man warf ihnen vor, bei ihren Starts politische Aktionen zu unterstützen. Am Grenzübergang Wartha waren sie bereits scharfen Kontrollen unterzogen worden. Sie mussten ihre Koffer öffnen und wurden wie Kriminelle durchsucht. Am Stadtrand von Menden im westfälischen Kreis Iserlohn wurden sie von einem Polizeikommando gestoppt und zum nächsten Revier geschafft. Die beiden Fahrer und die beiden Mannschaftsleiter wurden von einem speziellen Kommando in eine Dienststelle transportiert und dort verhört. Sie sollten aussagen, wer die Wettkämpfe vereinbart hatte und ob die KPD daran beteiligt gewesen war.

Später rollte der Bus, eskortiert von zwei Polizeifahrzeugen, weiter in Richtung Westen. In Hamm steuerte man das Polizeigefängnis an. Der Omnibus wurde sichergestellt; der Fahrer musste sämtliche Schlüssel abliefern. Die Aktiven mussten Schlipse, Messer, ihr Rasierzeug und sämtliche Papiere abgeben. Danach begannen erneut Verhöre, wieder wurde vor allem nach Kontakten zur KPD gefragt.

Dann wurden die Aktiven in Zellen gesperrt, in der sie jeweils zu Zwölft stehen mussten. In jeder Zelle existierte nur eine einzige Sitzgelegenheit - die Toilette. Nach 15 Stunden wurde als Erster der Fahrer des Busses ins Revier geholt und dort dann dem Mannschaftsleiter mitgeteilt, dass man auf der Rückfahrt bei einem Fluchtversuch von der Schusswaffe Gebrauch machen würde. Dann durften die Ringer in ihren Bus steigen und wurden bis an die Grenze von einem Polizei-Kommando begleitet.

Friedensfahrt - nur DDR

Wie unterschiedlich in den Nachkriegsjahren die beiden deutschen Sportbewegungen beurteilt worden waren, bewies die Haltung Polens im Zusammenhang mit der Friedensfahrt. Um die durch den Krieg in Mitleidenschaft gezogenen internationalen sportlichen Kontakte wieder aufleben zu lassen, war der polnische Journalist Wlodek Golebiewski 1948 auf die Idee gekommen, ein internationales Etappenradrennen zwischen Warschau und Prag ins Leben zu rufen. Seine Idee, 1950 eine DDR-Mannschaft einzuladen, fand in Polen nicht nur Zustimmung. Die Stimmung gegenüber den Deutschen war noch sehr kritisch, was durch die krasse Ablehnung der Oder-Neiße-Grenze durch Konrad Adenauer erhärtet wurde. Die unterschiedliche Position der Deutschen in Ost und West gegenüber der neuen Grenze zwischen Deutschen und Polen hinterließ folglich auch im Sport ihre Spuren.

1952 setzte sich Golebiewski mit dem Vorschlag durch, die DDR in den Kreis der Veranstalterländer des später größten Amateur-Etappenrennens der Welt aufzunehmen. Bundesdeutschen Rennfahrern war durch Verfügungen der zuständigen Behörden die Teilnahme strikt verboten und 1956 erstmalig gestattet worden. Als der bundesdeutsche Verband 1958 das zweite Mal eine Mannschaft entsenden wollte, drohte man dem Straßenwart Ewert mit seiner Kündigung als Regierungsbeamter. Er blieb zu Hause, die Mannschaft bestand darauf, starten zu dürfen und belegte den 14. Rang unter 20 Mannschaften.

Eine Episode der ersten DDR-Teilnahme 1950 illustriert einiges: Die Mechaniker der Mannschaften Polens und der DDR waren auf einem Lastwagen untergebracht. Auf der ersten Etappe nutzte der Pole jede Ruine in Warschau – und davon gab es genug –, seinem deutschen Kollegen zuzurufen: »Ruine Faschisten! Du Faschist!« Am Abend bat der Leipziger, Spitzname »Schlingschlang«, um seine Rückfahrkarte. Er könne das nicht neun Etappen lang ertragen. Man überredete ihn mühsam, weiterzufahren. Am Ziel in Prag mussten die Rennfahrer vier Stunden Prag durchsuchen, um das Lokal zu finden, in dem die beiden ihren Abschied feierten.

1951

Nazis unerwünscht

Als die Vertreter der Bundesrepublik zum IOC-Kongress am 7. Mai nach Wien reisen wollten, um dort die endgültige Anerkennung des NOK der BRD zu erreichen, wurden sie von der Mitteilung überrascht, dass das für Auslandsreisen deutscher Bürger zuständige Travel Board im Auftrag der österreichischen Regierung die Visa verweigert habe. Das ließ in Bonn die Alarmglocken schrillen und es kam der Verdacht auf, dass diese Maßnahme eine Folge der Nazi-Vergangenheit der Delegierten sein könnte. Es erscheint kaum möglich, das Geschehen in Wien vor 63 Jahren heute noch restlos aufzuklären, aber im Jahr zuvor war Ritter von Halt immerhin noch Häftling eines Kriegsverbrecherlagers gewesen. Die Visaverweigerung brachte auch IOC-Präsident Edström (Schweden), der sich intensiv für von Halt und seine Freilassung engagiert hatte, in eine schwierige Situation, da sich in jenen Jahren kaum jemand öffentlich für profilierte Nazis engagierte. Die Visaverweigerung musste sich auch auf die Abstimmung zur Anerkennung auswirken. Deshalb versuchte Edström, dem Kongress weiszumachen, die Deutschen würden sich einigen und damit alle aufgekommenen Querelen aus der Welt schaffen. So wollte er als Erstes die Anerkennung des NOK der BRD erreichen. Da Bonn aber um keinen Preis seinen Alleinvertretungsanspruch aufgeben würde, wären durch eine Anerkennung der BRD Fakten geschaffen worden, die nicht Stunden später wieder annulliert werden konnten.

Kurzum: Das NOK der DDR war mit seinem Antrag faktisch chancenlos.

Wer verständliche Mühe hat, die Haltung des IOC in jener Phase zu begreifen, möchte sich durch die fundierte Analyse des legendären bundesdeutschen Journalisten Richard Kirn aufklären lassen. Er schrieb 1951 in der *Frankfurter Allgemeinen Zeitung*: »Der Wiener Beschluss war, wie sich zeigt, zweideutig. Konnte das anders sein? Nun, liebe Leser, wer von Ihnen kennt die Mitglieder des IOC? Die Wortführer sind der Schwede Edström, der Amerikaner, der Schweizer Mayer. Die beiden ersten sind dicke Freunde des Herrn von Halt. Jeder von beiden hat 1936 nur den Glanz der Olympischen Spiele gesehen und sich den Teufel um die erstickten Schreie aus Oranienburg und Sachsenhausen geschert. Das ist die Lösung des Rätsels von Wien: Sie fühlen sich einander zugehörig.«

Als die beiden DDR-Delegierten den Präsidenten Edström daran erinnerten, dass er ihnen fest versprochen hatte, keine Entscheidung gegen die DDR zu treffen, antwortete der kühl und offenherzig: »Dr. Ritter von Halt ist mein Freund, ich kann mein gegebenes Wort nicht zurückziehen.«

Blieb noch das Problem der Teilnahme der bundesdeutschen IOC-Mitglieder an den Winterspielen 1952 in Oslo. Die Norweger hatten den Bundesdeutschen mitgeteilt, dass weder Ritter von Halt noch der Herzog mit einem Einreisevisa rechnen könnten. Daraufhin versprachen sie, der Einladung, die jedes IOC-Mitglied bekommen würde, nicht Folge zu leisten. So entstand eine in der olympischen Geschichte einmalige Situation: IOC-Mitglieder garantierten dem Ausrichter der Spiele, der Einladung zu den Spielen nicht Folge zu leisten. Und das alles, weil Bonn von seinen Verbündeten gefordert hatte, die DDR nicht starten zu lassen.

Der Leser wird seine liebe Not haben, die Rolle der entscheidenden Männer des IOC nachzuvollziehen. Ich kann hierzu aufklären, welche Rolle der Antikommunismus dabei spielte, weil mir bei meinen Recherchen ein privater Brief von Diem an Edström in die Hände fiel, der hier das erste Mal veröffentlicht wird. Der Brief war am 5. Juni 1951 geschrieben worden:

»Lieber Sigfrid,

nach unserem Telefongespräch hat sich nunmehr die Sitzung des Exekutiv-Komitees in Lausanne abgespielt und ihr Ausgang hat uns zufriedengestellt. Beinahe wäre es dem sogenannten Olympischen Komitee der Sowjetzone gelungen, die öffentliche Meinung in Verwirrung zu bringen, so, als müssten sie den olympischen Gedanken retten und dafür sorgen, dass die Sowjetzone von den Olympischen Spielen nicht ausgeschlossen wird. Du wirst Dich erinnern, dass wir von vornherein der Gründung unseres Nationalen Olympischen Komitees, bei der Gründung und auch später immer erklärt haben, dass dieses für ganz Deutschland gilt, und wir selbstverständlich auch die Sportsleute der Sowjetzone in die olympische Mannschaft einbeziehen werden. Diese Tatsache war niemals zweifelhaft und dieser Tatsache wegen hätte es keines neuen Olympischen Komitees bedurft.«

Die folgende Passage verfälscht den damaligen gesamtdeutschen Sport gegenüber dem IOC in einer Weise, wie sie nur der Faschist Diem [Dr. Frank Becker, Prof. für Neuere und Neueste Geschichte an der Universität Duisburg-Essen, nannte Diem keinen Nazi im Sinne von Parteimitgliedschaft, dessen Äußerungen jedoch oft tief vom Nazi-Denken durchdrungen war, Anm.d.A.] beherrschte:

»Die Sportsleute der Sowjetzone benutzen jede Gelegenheit, um an sportlichen Kämpfen in der Westzone teilzunehmen, soweit dies nicht durch den russischen Terror verhindert wird. Sie tun dies unter ihrem Namen oder, wenn ihnen das für sich oder ihre Familie zu gefährlich ist, unter anderem Namen. Wir wissen über den Sport in der Sowjetzone natürlich genau Bescheid, er ist, was die Leistungen anlangt, sturzartig zurückgegangen, und dies erklärt sich ganz einfach aus der Tatsache, dass es dort keine freien Vereine mehr gibt, sondern nur noch politisch überwachte Betriebssport-Gemeinschaften, und dass diese politischen Leiter von Sport nicht viel verstehen.

Nach außen hin wird immer eine demokratische Sportverwaltung vorgetäuscht, aber wo es keine freien Vereine gibt, kann es auch keine freien Verbände geben, und die ›Wahlen‹ gehen in der Sowjetzone genau so vor sich, wie früher in der Nazizeit: die zu Wählenden werden von der politischen Partei »vorgeschlagen«, und wohl dem, der nicht sofort mit dem Kopfe nickt.

Du wirst es verstehen, dass wir keine Neigung haben, uns mit diesen politischen Kommissaren an einen Tisch zu setzen und dadurch sie als sportliche Führer anzuerkennen. Eine solche Handlung wäre ein Verrat gegenüber unseren echten Sportsleuten in der Sowjetzone, die von diesen politischen Sendlingen drangsaliert werden.

Wäre es den sogenannten olympischen Führern wirklich ernst um die Verstärkung der deutschen Mannschaft durch Leute aus der Sowjetzone, so brauchten sie gar nichts anderes zu tun, als ihren Leuten Reiseerlaubnis zu den Auswahlkämpfen zu geben. Wer bei diesen Auswahlkämpfen dann siegt, wird geschickt und die Kosten dafür werden aufgebracht.

Wir werden also, wenn wir nach Oslo gehen sollten, die Auswahl der Mannschaft dem Deutschen Skiverband überlassen, der sich bereiterklärt, Skiläufer der Sowjetzone zu seinem Entscheidungs-Wettkampf heranzuziehen.

Im Übrigen können wir natürlich nur solche Sportsleute der Sowjetzone melden, die Mitglieder der Deutschen Sportverbände sind. Da in der Sowjetzone selbst keine freien Vereine geduldet werden, müssen sie in einen Verein der Westzone eintreten und dies lässt sich unschwer ermöglichen.

Du siehst daraus, dass wir den besten Willen haben, Sportsleute der Sowjetzone zuzulassen, und es werden sich sicher auch solche einfinden, selbst wenn von Seiten der Sowjetzone noch so viel Drohungen gegen diese jungen Leute ausgesprochen werden.

Wir hätten aber lieber auf die Teilnahme an Olympischen Spielen verzichtet, als uns mit diesen politischen Kommissaren der SED zusammen zu tun. «

Das folgende »Wir« liefert den Gipfel: Der Faschist Diem spielte den Antifaschisten: »Wir haben einmal erfahren, was es bedeutet, wenn in den Sport politisch hineinregiert (wird) ... es ist einstimmig beschlossen worden, und wir werden in der Sowjetzone in Zukunft jeden einzelnen Fall von Sportverkehr daraufhin prüfen, ob wir vor jedem Versuch, ihn zu politischen Propagandazwecken zu missbrauchen, geschützt sind.«

Damit hatten sich die politischen Probleme, die das IOC in Wien zu lösen hatte, keineswegs erschöpft. Als man ein Jahr zuvor das NOK der BRD »provisorisch« anerkannte, war eine Erklärung der Bundesdeutschen verlangt worden, mit dem sich das NOK eindeutig von den Verbrechen des Hitler-Reichs distanzieren sollte. Diese Erklärung war angeblich abgeschickt, aber nie beim IOC eingegangen. Nach mehrfachen Mahnungen wurde folgende Erklärung abgegeben:

»Die deutsche Sportjugend missbilligt die von den Verbrechern des Nazi-Regimes begangenen Grausamkeiten, die fast in der ganzen Welt so viel Leid verursacht haben. Sie drückt an dieser Stelle darüber ihr tiefes Bedauern aus. Sie hofft, sich bald mit der Sportjugend der ganzen Welt verbinden zu können, um den Beweis ihres Willens für die Herstellung des Friedens zu arbeiten – das Endziel der Bemühungen des Wohltäters der Menschheit, des Barons de Coubertin – zu erbringen.«

Mit keiner Silbe erwähnt worden war die Auflösung der Sportverbände, die faschistischen Bekenntnisse der Sportführer, die Ermordung zahlreicher Arbeitersportler und nicht zuletzt der Missbrauch der Olympischen Spiele im Jahr 1936.

Vor allem aber: Als man das Grab des vom Hitler-Regime hingerichteten Olympiateilnehmers Werner Seelenbinder in Westberlin umgittert hatte, verlor das NOK der BRD kein Wort des Protestes, billigte damit die Schändung und versicherte kurz danach dem IOC gegenüber »ihr tiefes Bedauern der Grausamkeiten«.

Damit nicht genug: Ein Delegierter stellte in Wien die berechtigte Frage, welches deutsche Gebiet das vom IOC eben anerkannte NOK repräsentiert? Das BRD-Komiteemitglied, Dr. Peco Bauwens, gab zu Protokoll: »Ich möchte feststellen, dass damals der Antrag von uns gestellt wurde, dass das NOK um Aufnahme bittet, vom IOC aber die Begrenzung der BRD verlangt wurde. Ich habe die Grenzführung vorgetragen. Demnach haben die Herren der DDR recht, wenn sie sagen, dass das Komitee nur für Westdeutschland besteht.« Dieser Tatbestand wurde nie wieder erwähnt!

Selbst das Fazit des Wiener Kongresses in der ständig der Bonner Politik folgenden *Welt* lautete: »... von Halt konnte die Winterspiele in Oslo nur zu Hause am Radio verfolgen. Die norwegische Regierung hatte allen deutschen Besuchern bei der Einreise eine drastische Überprüfung ihrer NS-Vergangenheit angedroht. Das wollte sich der NOK-Präsident nicht antun. Genauso wenig wie der ebenfalls in die Bonner Elite aufgestiegene Carl Diem, der kurz vor Kriegsende in Norwegen noch als Propagandaredner der Nazis aufgetreten war. Die Nationalhymne der ehemaligen Besatzungsmacht war ebenfalls nicht erwünscht. Stattdessen wurde bei den drei deutschen Olympiasiegern Beethovens Freude schöner Götterfunken intoniert.«

In Berlin gegründet: NOK der DDR

Das alles hatte sich schon im Vorfeld des Kongresses abgezeichnet. Umso verständlicher, dass die DDR beschloss, noch vor dem Kongress ein eigenes NOK zu gründen. Bonn reagierte wutentbrannt. BRD-Historiker Pabst: »Die Sportler und Funktionäre der Bundesrepublik waren über die Gründung des ostdeutschen NOK bestürzt und empört. Der Berliner Turnerbund erwog sogar, bis auf weiteres die sportlichen Kontakte zum DDR-Sport abzubrechen ... Die NOK-Mitglieder kamen so zu dem einfachen Schluss: ›Wir von der Westzone aus halten die Gründung des ostzonalen olympischen Komitees für nicht zulässig. Es muss verhindert werden, dass dieses ostzonale olympische Komitee anerkannt wird.‹«

Deutlicher konnte die Absicht des NOK der BRD kaum mehr konkretisiert werden!

Das eben gegründete NOK der DDR hatte ebenfalls eine Delegation nach Wien entsandt. Anzumerken: Sie hatte keine Einreiseprobleme, allerdings gehörten ihr auch keine Persönlichkeiten mit Dritter-Reich-Vergangenheit an. Der Anerkennungsantrag wurde zwar vom Kongress abgelehnt, aber durch die Klausel ergänzt, dass die beiden Komitees versuchen sollten, ein gemeinsames gesamtdeutsches Komitee zu bilden. Das IOC setzte sogar einen Termin: Am 22. Mai sollten sie sich in Lausanne treffen und zwei IOC-Mitglieder die Begegnung leiten. Die Sitzung verlief turbulent, da die nominierten »Vorsitzenden«, die Schweizer Gebrüder Mayer, eindeutig die BRD-Seite forcierten. So lehnten sie zum Beispiel ab, Dolmetscher zu engagieren, bestanden aber darauf, die Verhandlung in Französisch zu führen. Viele Jahre später gestand mir Otto Mayer – Kanzler des IOC –, dass er einen Wink vom bundesdeutschen Botschafter in Bern erhalten hatte und den nicht ignorieren wollte. Die DDR-Vertreter unterschrieben also eine Vereinbarung in Französisch, dessen sie nicht mächtig waren, und zogen später ihre Unterschrift zurück.

Die Delegation war in Berlin mit der Order aufgebrochen, alles zu unternehmen, um den Start von DDR-Athleten in Helsinki zu ermöglichen. Die entscheidenden Funktionäre des IOC verhehlten später nie, dass ihnen von Bonn geraten wurde, das DDR-NOK auf keinen Fall anzuerkennen, auch weil man eine Stärkung der »sowjetischen Fraktion« im IOC fürchtete. Dass dies weder Vermutungen noch Unterstellungen waren, bestätigte ein knappes Jahrzehnt später der damalige Geschäftsführer des (Bundes-)Deutschen Sportbundes, Guido von Mengden, im *Jahrbuch des DSB 1959/60*: »Eine spätere Geschichtsschreibung wird wohl zu dem Ergebnis kommen, dass eine Zusammenlegung der beiden deutschen NOK damals an der Haltung der Vertreter der Bundesrepublik gescheitert ist.«

Das ließe sich auch aus anderer Quelle schriftlich belegen. So hatte Ritter von Halt nach der Zusammenkunft der beiden NOK an Adenauer geschrieben: »Auch diese Besprechungen leitete ich so, dass sie ergebnislos verlaufen mussten. Die Beratungen selber waren außerordentlich schwierig, weil die Vertreter der Ostzone sich zu jedem Entgegenkommen bereit erklärten.«

»Lieber Sigfrid ...«

Um dem Leser die oft durch Schachzüge von Diplomaten unter Ausschluss von Sportfunktionären kaum mehr überschaubare Situation zu illustrieren, sollte ein geheimer Brief Diems an den IOC-Präsidenten aus dem Jahr 1951 erwähnt werden, der mit unmissverständlichen Worten die Absichten und Ziele Bonns enthüllt: »5. Juni 51. Herrn J. Sigfrid Edström, Lieber Sigfrid, Beinahe wäre es dem sogenannten Olympischen Komitee der Sowjetzone gelungen, die öffentliche Meinung in Verwirrung zu bringen, so, als müssten sie den olympischen Gedanken retten (...) Du wirst also verstehen, dass wir keine Neigung haben, uns mit diesen politischen Kommissaren an einen Tisch zu setzen (...) Wäre es den sogenannten olympischen Führern wirklich ernst um die Verstärkung der deutschen Mannschaft durch Leute aus der Sowjetzone, so brauchten sie gar nichts anderes zu tun, als ihren Leuten Reiseerlaubnis zu den Auswahlkämpfen zu geben. Du siehst daraus, dass wir den besten Willen haben, Sportsleute der Sowjetzone zuzulassen, und es werden sich sicher auch solche einfinden, selbst wenn vonseiten der Sowjetzone noch so viele Drohungen gegen diese jungen Leute ausgesprochen werden. Wir hätten aber lieber auf die Teilnahme an Olympischen Spielen verzichtet, als uns mit diesen politischen Kommissaren der SED zusammen zu tun. Wir haben einmal erfahren, was es bedeutet, wenn in den Sport politisch hineinregiert wird. (...)«

Hier bleibt keine andere Wahl, als den Brief zu unterbrechen. Zu unglaublich ist die Unverschämtheit Diems, zu behaupten, »... wir haben einmal erfahren ...« Er selbst hatte hunderte Halbwüchsige in den Tod getrieben, als er ihnen befahl, an der Berliner Heerstraße sowjetische Panzer mit Handfeuerwaffen aufzuhalten. Appelliert hatte er an sie am 18. März 1945 im Olympiastadion, zum »finalen Opfergang für den Führer« aufzubrechen! Dass Bonn ihn zum Regierungsbeauftragen für den Sport ernannt hatte, war in Europa fassungslos zur Kenntnis genommen worden. Und nun schrieb er dem IOC-Präsidenten auch noch hemmungslos Lügen über seine Erfahrungen in der Nazizeit.

Dass man in Norwegen seine Nazivergangenheit nicht vergessen hatte und mit einem Einreiseverbot zu den Winterspielen drohte, teilte er dem IOC-Präsidenten mit den Worten mit: »Nach Oslo werde ich auf keinen Fall gehen, auch wenn eine deutsche Mannschaft entsandt werden sollte. «

1952

Helsinki: Fünf DDR-Verbände anerkannt

Als vor Beginn der Spiele in Helsinki der IOC-Kongress stattfand, nutzte das sowjetische IOC-Mitglied Alexej Romanow die Gelegenheit, den vertagten Aufnahme-Antrag der DDR wieder auf die Tagesordnung setzen zu lassen. Ein augenblicklich eingebrachter BRD-Gegenantrag, das Thema auf den 28. Juli zu vertagen, fand schon deshalb eine Mehrheit, weil viele IOC-Mitglieder die Spiele von 1952 nicht noch in letzter Minute gefährden wollten.

Hinzu kam noch, dass das von den maßgeblichen IOC-Funktionären immer wieder ins Feld geführte »Nur-ein-Komitee-pro-Land«-Argument ins Wanken geraten war, seitdem am 15. Mai 1950 in Kopenhagen dem Saarland der Status einer »selbständigen olympischen Nation« zugestanden worden war.

Die DDR-Sportfunktionäre aber waren auf den Kongressen der Verbände enorm aktiv. So wurde am 17. Juli 1952 der DDR-Ringerverband gegen die wütenden Proteste der bundesdeutschen Delegierten in die Föderation aufgenommen. Am 23. Juli konnten die Funktionäre des Basketballverbandes der DDR ihre internationale Anerkennung feiern und am Tag darauf entschied auch eine Mehrheit des Internationalen Fußballverbandes, die DDR in die FIFA aufzunehmen. Noch ein Jahr zuvor hatte der damalige DFB-Präsident Peco Bauwens den DDR-Antrag mit folgendem Argument zu Fall gebracht: Die Bundesrepublik verfolge das Ziel, »den Sport frei von politischen Tendenzen zu halten«, doch sei dies kaum möglich, sollte die FIFA die »eindeutig politisch geführte Fußballsportbewegung der Ostzone« aufnehmen. Gegen alle derartigen Behauptungen war der DDR-Verband am 6. Oktober 1951 bereits provisorisch aufgenommen worden!

In Helsinki ging es dann um die endgültige Aufnahme. Wieder sparte Bauwens nicht mit politischen Argumenten, aber die Mehrheit des Gremiums war des deutsch-deutschen politischen Streits überdrüssig und entschied am 24. Juli 1952, die DDR endgültig als vollwertiges Mitglied aufzunehmen.

Fünf Tage später stand in Helsinki der Aufnahmeantrag des DDR-Kanuverbandes zur Debatte. Die Tagesordnung war lang. Erst am Abend wurde Generalsekretär Manfred Dressel das Wort zur Begründung des Aufnahmeantrages erteilt. Der in höflichen, aber bestimmten Worten an die Mitglieder der Vollversammlung gerichtete Appell, den über zehntausend Kanu-Sportlern der DDR endlich die Möglichkeit zu bieten, in den ungehinderten Sportverkehr mit ihren Sportkameraden in der ganzen Welt einzutreten, wurde zur Kenntnis genommen und die Diskussion eröffnet.

Niemand wunderte sich: Der Vertreter der BRD plädierte – wenn auch auf Politik verzichtend – für die Ablehnung des Antrags. Danach wurden die beiden DDR-Vertreter gebeten, den Saal zu verlassen. Nach einer knappen halben Stunde wurden sie wieder hereingebeten. Als sie den Tagungssaal betraten, erhoben sich alle von den Plätzen und spendeten herzlichen Beifall. Danach gab der schwedische Präsident der Föderation das Abstimmungsergebnis bekannt: 16 Stimmen für die Aufnahme der DDR, drei Gegenstimmen und zwei Stimmenthaltungen. Nachdem auch noch die Internationale Schwimmföderation die DDR als Mitglied aufgenommen hatte, waren während der Olympischen Spiele insgesamt neun Verbände anerkannt worden! Und jedes Mal hatten die einen Deutschen gegen die anderen Deutschen gestimmt. Was umso unbegreiflicher erschien, weil die anderen Deutschen doch gerade erst versichert hatten, eine gemeinsame Mannschaft bilden zu wollen.

Die »Wodka«-Abstimmung

Doch nicht immer entschieden Argumente und Mehrheiten die Abstimmungen. Am besten kannte ich natürlich die Querelen um die Anerkennung der DDR-Sportjournalisten. Man saß tagsüber neben einem Kollegen aus der Bundesrepublik, half sich gegenseitig mit Informationen und dann verabschiedete der sich mit dem Hinweis: »Heute Abend muss ich leider gegen Euch stimmen!« Auch er hatte eine politische Order aus Bonn erhalten und hielt sich daran, um Ärger mit den Chefs zu vermeiden. So wurde unser Antrag Jahr um Jahr mit den verschiedensten Argumenten verschleppt. Den ersten Antrag hatten wir 1954 in Venedig gestellt. Der Schweizer Präsident lehnte ihn ab, weil auch Sportfotografen Mitglied unseres Verbandes waren, was nach den Statuten nicht zulässig war.

Oft fanden die Kongresse in NATO-Ländern statt, für die uns die Visa verweigert wurden, so dass der Vorstand den Antrag ohne Ausreden vertagen konnte.

1961 fand der Kongress in Paris statt und wieder wurden uns die Visa verweigert. Unsere polnischen Kollegen versicherten uns am Telefon, dass man diesmal die Angelegenheit erledigen würde. Und zwar so: Die Polen luden die bundesdeutschen Delegierten in ihre Botschaft ein und sparten dort nicht mit Wodka. In später Nacht gestand einer der beiden BRD-Delegierten, dass man strikte Order vom Bundespresseamt erhalten habe, die Aufnahme wieder zu verhindern.

Darauf einer der Polen: »Was haltet ihr davon, kurz vor der Abstimmung auf der Toilette zu verschwinden?« Nach einigem Zaudern leerte man ein Glas auf diese Abmachung.

Der Kongress begann, und als die Bundesdeutschen den Saal verlassen hatten, erklärte einer der Polen, es sei nun an der Zeit, endlich über die DDR-Mitgliedschaft abzustimmen. Viele Delegierten wussten um die Verabredung, bestanden auf sofortiger Abstimmung, und als die Landsleute-Kollegen in den Saal zurückkehrten, war die DDR bereits Mitglied. Zwölf Jahre später wurde ich zum Generalsekretär des Europäischen Verbandes gewählt und fungierte 17 Jahre in dessen Vorstand. Als mich der bundesdeutsche Verband mit Hilfe eines über Nacht zum »Widerstandskämpfer« mutierten Ex-DDR-Mitglieds aus dem bundesdeutschen Verband ausschließen ließ, wählte mich der europäische Verband (UEPS) demonstrativ zum Ehrenmitglied auf Lebenszeit!

In Oberwesel kläglich gescheitert

Am 24. September übergab ein mit dem Auto vorgefahrener Bote dem Pförtner einen versiegelten Umschlag für den Deutschen Sportausschuss der DDR und ließ sich die Aushändigung sogar quittieren.

Der Umschlag enthielt das Protokoll einer Sitzung des Vorstands des (West-)Deutschen Sportbunds. Als man den Umschlag mit einiger Spannung geöffnet hatte, wusste man, dass die Westseite den Sportverkehr mit der DDR über Nacht abgebrochen hatte.

Die »Begründung« für den spektakulären Schritt war ein simples Ammenmärchen: »Die Sportorganisationen der sowjetisch besetzten Zone Deutschlands und des sowjetisch besetzten Sektors von Berlin haben dem Sportverband Berlin (West) erklärt, dass sie grundsätzlich nicht darauf verzichten könnten, den Sport ihren politischen Zwecken dienstbar zu machen. Sie haben den Sportverkehr mit Westberlin davon abhängig gemacht, dass die Sportler aus dem Westsektor bei Starts im Osten einen Fragebogen auszufüllen hätten, der eine Reihe von Fragen zweckpolitischer Art enthielt. U. a. war gefragt worden, ob der betreffenden Sportmannschaft oder dem Verein politische Flüchtlinge angehörten und ob Adressen von geflüchteten Sportlern aus dem Osten bekannt seien. Der Sportverband Berlin hat daraufhin mit all seinen Fachverbänden und Vereinen einmütig erklärt, dass er einen derart unerträglichen politischen Missbrauch des Sports ablehne und sich deshalb gezwungen sehe, den Sportverkehr mit den Organisationen der sowjetisch besetzten Gebiete Deutschlands einzustellen.

Der Deutsche Sportbund stellt sich mit einstimmigem Präsidialbeschluss hinter den Sportverband Berlin. Mit all seinen Fachverbänden und Vereinen bricht er daher auch seinerseits mit sofortiger Wirkung den gesamten Verkehr mit den Sportorganisationen der sowjetisch besetzten Zone und des Berliner Ostsektors ab.

Der Deutsche Sportbund ist bereit, über eine Änderung des nicht durch seine Schuld eingetretenen Zustands zu verhandeln, sobald er die notwendigen Voraussetzungen dafür als gegeben sieht.«

Im Deutschen Sportausschuss der DDR konnte sich niemand erklären, wo Fragebögen mit solchen Kreuzverhörfragen ausgehändigt worden sein sollten. Man befragte vorsichtshalber noch den Berliner Landesvorstand, aber auch dort hatte nie jemand derlei Fragen gestellt. Vorsichtshalber wurden auch noch die anderen Berliner Kreisvorstände aufgefordert, in allen Sportgemeinschaften Rückfragen zu halten, ob irgendwo irgendwer solche Fragebögen gesehen hätte? Überall Schulterzucken! Niemand konnte sich erklären, wie der DSB-Vorstand auf seiner Sitzung in Oberwesel dieses Abbruch-Papier verabschieden konnte, das als »Oberweseler Beschlüsse« in die Geschichte einging. Es dauerte nicht lange, bis man auch in Frankfurt (Main) dahinter kam, dass man einer primitiven Lüge aufgesessen war.

»Als beim Deutschen Sportbund ruchbar wurde, dass Westberliner Sportvereine angeblich Angaben über politische Flüchtlinge liefern sollten, bevor sie die Erlaubnis der DDR-Behörden zur Teilnahme am Sportverkehr erhielten, war das Maß voll.« Der Sportverkehr wurde abgebrochen! Die Begleitmusik entsprechend lärmend!

Der *Spiegel* war klug beraten, als er Wochen schwieg und dann das Desaster aufhellte: »Zur Begründung diente ein Fragebogen, den angeblich alle in die Ostzone reisenden West-Berliner Sportler mit Details darüber ausfüllen mussten, ›ob Adressen geflüchteter Sportler aus dem Osten bekannt seien. Darüber hinaus wurden Angaben über Lohnverhältnisse und Arbeitgeber der Westsportler verlangt‹. Das hatte zunächst den West-Berliner Sportverband zur west-östlichen Sport-Blockade bewogen, bis sich der Deutsche Sportbund in Oberwesel dieser Maßnahme anschloss. Jener Fragebogen erwies sich als blamable Fiktion. Ein Mitglied des West-Berliner Fußballclubs Südwest war beim Abholen seines Passierscheins in Treptow (Ostberlin) durch einen Volkspolizei-Offizier nach politischen Flüchtlingen ausgefragt worden und hatte diesen Vorfall eidesstattlich dem Westberliner Fußballpräsidenten Paus Rusch unterbreitet. Rusch wiederum leitete die rasch anwachsende Akte dem West-Berliner Sportverband zu. Von dort aus schließlich landete die Information beim DSB-Meeting von Oberwesel. Dabei war unterdessen irgendwo auf dem langen Instanzenweg aus der politischen Befragung eines West-Sportlers der politische Fragebogen für alle West-Sportler geworden.«

Übrigens fanden selbst intensive Sucher nie jenen angeblich von einem Volkspolizisten Befragten, womit endgültig feststand, dass dieser Abbruch nichts weiter als eine der vielen Aktionen gegen den Sportverkehr zwischen Ost und West war.

Monate des Schweigens

Exakt 79 Tage vergingen, bis man kleinlaut kapitulierte. Und der Deutsche Sportausschuss forderte nicht einmal eine öffentliche Entschuldigung! Statt der auf dem Fußballplatz fälligen roten Karte begnügte man sich mit einer »Vereinbarung«. In der las man: »Die in Berlin am 12. Dezember 1952 zu einer Aussprache über die Wiederaufnahme des gesamtdeutschen Sportverkehrs zusammengekommenen Vertreter des Deutschen Sportbundes und des Deutschen Sportausschusses geben übereinstimmend der Auffassung Ausdruck, dass eine Zusammenarbeit wünschenswert und notwendig sei. Sie bedauern, dass es zum Abbruch der sportlichen Beziehungen gekommen ist. Eine eingehende Aussprache über die Gründe, die dem Deutschen Sportbund Veranlassung gegeben haben, den Sportverkehr mit den Sektionen der DDR zu unterbrechen, hat ergeben, dass Missverständnisse bestanden haben und dass in Zukunft Meinungsverschiedenheiten durch Verhandlungen geklärt werden sollen. Damit ist die Möglichkeit gegeben, die sportliche Zusammenarbeit wieder aufzunehmen. «

Die grobe politische Attacke bis hin zum Abbruch des Sportverkehrs als »Missverständnis« zu akzeptieren, kann selbst nach Jahrzehnten kaum hingenommen werden, und die Festlegung, künftig erst »klärende Verhandlungen« zu führen, ehe man den Sportverkehr abbricht, klingt wie eine 0:10-Niederlage. Die Beschlüsse von Oberwesel wurden also außer Kraft gesetzt und obendrein akzeptierte der DDR-Sportausschuss auch noch Bonner Forderungen: »Um jeden Missbrauch der olympischen Idee und des Sports zu politischen Zwecken zu vermeiden, wird bei gesamtdeutschen sportlichen Veranstaltungen u. a. davon abgesehen:

a) parteipolitische Reden oder Ansprachen zu halten,

b) Ausschmückungen, deren Abstimmung im einzelnen Angelegenheit der beteiligten Fachverbände und Sektionen ist, mit parteipolitischen Tendenzen vorzunehmen,

c) Flaggen, außer der schwarz-rot-goldenen und den Flaggen oder Wimpeln der beteiligten Sportorganisationen, zu hissen. «

Ganz am Ende folgte der Passus, der den DS damals möglicherweise bewogen hatte, die kaum begreifbaren Kompromisse zu machen: »Der Deutsche Sportbund empfiehlt seinen Fachverbänden die Anerkennung des Anspruchs der Sektionen der DDR in die internationalen Fachverbände.« Das war das erste Mal, dass Bonn die Anerkennung der DDR-Verbände und damit letztlich auch des NOK akzeptierte.

Spiegel: »Schlimme Schlappe«

Der Spiegel konstatierte denn auch am 24. Dezember 1952: »Eine schlimme Schlappe« und kommentierte das von beiden Seiten unterschriebene Dokument mit den halbwegs treffenden Worten: »Der Waffenstillstandsvertrag zwischen dem Deutschen Sportbund der Bundesrepublik und dem Deutschen Sportausschuss der DDR.« Was allerdings eben nur ein »Stillstand« war, an den sich Bonn obendrein nie zu halten gedachte.

1953

Mexikaner legen Karten auf den Tisch

Am 17. April wurde in Mexiko-Stadt die 48. Sitzung des IOC-Kongresses eröffnet. Das sowjetische IOC-Mitglied Adrianow stellte den Antrag, über die Aufnahme des NOK der DDR abzustimmen. Einmal mehr wurde er dank der Initiative der Herren aus der BRD auf die nächste Sitzung vertagt und damit die Berliner Vereinbarung gebrochen. Das funktionierte nach bewährter Methode: Die mexikanische Regierung hatte – nach einem Wink aus Bonn – die Visa erst erteilt, als der Kongress schon zu Ende war. Man mochte allerdings nicht mitschuldig werden, und so teilte das mexikanische IOC-Mitglied dem Kongress am letzten Tag mit, das die Abwesenheit der DDR einer Intervention des bundesdeutschen Außenministeriums zuzuschreiben sei.

Der »Umweg« über die Yards

Auch die DDR-Sportführung blieb nicht müßig. Man nutzte jede Gelegenheit, spektakuläre sportliche Leistungen zu bieten. Als bekannt geworden war, dass sich der Präsident des Internationalen Olympischen Komitees, der US-Amerikaner Avery Brundage, zu einem Leichtathletikmeeting am 19. August 1953 in Budapest als Besucher angesagt hatte, vereinbarten DDR-Funktionäre mit ihren ungarischen Freunden, statt des ursprünglich geplanten 800 m-Laufs der Frauen ein 880-Yards-Rennen ins Programm aufzunehmen. Das bot die Möglichkeit, die damals noch offiziell als Weltrekord auf dieser Distanz geführte Bestmarke der Britin Valerie Bell durch die DDR-Mittelstrecklerin Ursula Jurewitz – später Donath – angreifen zu lassen. Bell hatte die Strecke am 17. September 1952 in London in 2:14,5min zurückgelegt. Ursula Jurewitz gewann den Lauf in Budapest in der neuen Weltrekordzeit von 2:12,6min – vor den Augen des IOC-Präsidenten. Vor allem: Es war der erste von der Internationalen Leichtathletikföderation (IAAF) anerkannte Weltrekord für einen DDR-Sportler!

1954

Nächster Skandal: Paris

Seit Jahren gehörte der »Cross Humanité« zum Jahresplan der französischen Langstreckenläufer. Gäste aus aller Welt wurden dort begrüßt. Als der Veranstalter zum ersten Mal Läufer aus der DDR einlud, wurde der bundesdeutsche Leichtathletikverband mobil und machte den französischen Verband darauf aufmerksam, dass der DDR-Verband nicht Mitglied der Internationalen Föderation sei und demzufolge jeder in einem Lauf mit ihnen Startende mit einer längeren Sperre zu rechnen habe. (Dass der Verband nicht Mitglied war, hatte er bekanntlich der Intervention des bundesdeutschen Verbandes zu verdanken ...) Da sich auch Stars wie Emil Zatopek angemeldet hatten, suchte der französische Verband verzweifelt nach einem Ausweg. Der zweitklassige Pariser Verein Billancourt erklärte sich bereit, einen zweiten »Humanite«-Lauf zu organisieren, in dem alle nicht der internationalen Föderation angehörigen Läufer starten sollten. Die bundesdeutsche Intervention sorgte für Schlagzeilen und einen neuen Zuschauerrekord: 50.000 Besucher! Sie erlebten einen glanzvollen Sieg Zatopeks im Hauptlauf und feierten den Potsdamer Günter Havenstein im »Vorlauf«. Eine misslungene Aktion mehr!

DSB kommandiert Blockade gegen DDR

Auf dem Bundestag des DSB in Düsseldorf versicherte NOK-Präsident Ritter von Halt einmal mehr, dass eine gemeinsame gesamtdeutsche Olympia-Mannschaft auf keinen Fall in Frage käme: »Wir werden diesen Antrag auf Anerkennung des ostzonalen Komitees nicht unterstützen, wir werden uns diesem Antrag widersetzen.« DSB-Präsident Willi Daume wies mit Nachdruck auf die für alle BRD-Sportverbände geltende politische Richtlinie hin, nach der »keine neuen gesamtdeutschen Arbeitsausschüsse oder sonstigen permanenten Gremien« gebildet werden dürfen.

Wieder Startverbot

Für die ersten Märztage war in der Berliner Seelenbinder-Halle ein Leichtathletikfest mit Spitzenathleten aus Polen, die zum ersten Mal nach Kriegsende in Berlin an den Start gingen, und aus der BRD geplant. Europas schnellster Sprinter, Werner Fütterer (BRD), hatte sich angesagt, die renommierte Kugelstoßerin Marianne Werner (BRD) und die Staffel des Krefelder Sportvereins (BRD) mit Hans Geister an der Spitze. Der Barmer TV (BRD) hatte in einem Schreiben an die Veranstalter mitgeteilt, dass seine Athleten in der Regel nicht bei Hallensportfesten mitwirkten, man ihnen aber empfohlen habe, in diesem Fall eine Ausnahme zu machen. Der Geschäftsführer des bundesdeutschen Leichtathletikverbandes (DLV), Beuerman, hatte bereits am 26. Februar für alle westdeutschen Athleten eine Startgenehmigung erteilt.

Aus heiterem Himmel erreichte die Zeitungsredaktionen eine Meldung der westdeutschen Nachrichtenagentur DPA, in der mitgeteilt wurde, dass der DLV die Startgenehmigung für seine Athleten zurückgezogen habe. Der Nachricht folgten zwei Telegramme, in denen der stellvertretende Vorsitzende des DLV und Vorsitzende des Westberliner Leichtathletikverbandes Fredi Müller der Sektion Leichtathletik der DDR mitteilte, dass man während der Veranstaltung keine Spruchbänder dulden und auch keine »politischen« Reden hinnehmen würde. Die Sektion Leichtathletik antwortete, dass die Veranstaltung auf der Grundlage der Abmachungen zwischen dem DLV und der Sektion Leichtathletik durchgeführt würde. Die Sektion Leichtathletik unterbreitete Fredi Müller den Vorschlag, selbst die Begrüßungsrede für die Athleten zu übernehmen. Müller antwortete nicht.

Am Veranstaltungstag konstatierten die Veranstalter ein Rekordmeldeergebnis. Obwohl die bundesdeutschen Aktiven bereits auf dem Weg nach Berlin waren, erteilte ihnen ihr Verband Startverbot. Heinz Fütterer war zu diesem Zeitpunkt bereits in Berlin. Er erklärte, auf jeden Fall starten zu wollen. Er habe sich in der Halle überzeugt, dass nirgends parteipolitische Losungen hingen.

Als die Veranstaltung um 19 Uhr mit dem Einmarsch der Teilnehmer eröffnet wurde, betonte Heinz Fütterer noch einmal, dass er zum Sprinter-Dreikampf antreten würde. Eine gute Stunde später erfuhren die Zuschauer, dass Fütterer mit mehrmonatigem Startverbot belegt würde, sollte er starten und deshalb verzichtet. Er ging in den Innenraum und begrüßte die Berliner. Stürmischer Beifall feierte ihn.

Zwei Läufer aus Barmen weigerten sich, dem Startverbot nachzukommen und liefen die 1.500 m. Einer der beiden, Heinz Schnepf, wurde hinter dem Polen Edmund Potrzebowski Zweiter und wurde stürmisch bejubelt.

Von den Europameisterschaften ausgeschlossen

In Bern begannen die Leichtathletik-Europameisterschaften mit dem Kongress der Internationalen Föderation. Einmal mehr war einer der ersten Tagesordnungspunkte der Aufnahmeantrag der DDR. Die für die EM nominierten Athleten warteten auf die Mitteilung aus Bern, dass man ihnen die Startnummern aushändigen würde. Der Präsident des bundesdeutschen Verbandes, Dr. Danz, behauptete, die DDR weigere sich in einer gesamtdeutschen Mannschaft zu starten, woraufhin die Aufnahme abgelehnt wurde. Die Athleten mussten also den Flughafen wieder verlassen.

Neunmal in Helsinki

Beim IOC-Kongress 1954 in Athen war die DDR einmal mehr nicht vertreten, einmal mehr hatten bundesdeutsche Diplomaten ihre griechischen Kollegen erfolgreich um Visa-»Amtshilfe« gebeten. Die DDR-Vertreter erhielten keine Einreisegenehmigung. Allerdings musste Brundage den Antrag einmal mehr zur Abstimmung aufrufen, und den 31 Stimmen, die gegen die DDR votierten, standen schon 14 gegenüber, die für die Anerkennung der DDR und gegen den BRD-Antrag stimmten.

Dass die ausgeschlossenen Kurt Edel und Erich Riedeberger dem IOC-Präsidenten Brundage in diesem Sommer doch noch begegneten, war der Moskauer Völkerspartakiade zu verdanken, wo man sich auf der Ehrentribühne begegnete und ein ungewöhnlich ausführliches Gespräch führte. Das könnte zu einer gewissen Wende im Verhältnis des IOC zur DDR geführt haben. Dass die drei dieses Gespräch beim ungewöhnlich langen Zwischenaufenthalt in Helsinki fortsetzen konnten, führten Eingeweihte auf finnische »Regie« zurück.

Meine Begegnungen und Gespräche mit Brundage ließen den Eindruck wachsen, dass Fairness für ihn ein ausschlaggebendes Prinzip sei. Er sah in Ritter von Halt zwar einen Freund, war aber bald nicht mehr bereit, den von ihm übermittelten Wegweisern Bonns zu folgen. Es ist sehr wahrscheinlich, dass in Helsinki seine Idee entstand, eine ›vereinte‹ Olympiamannschaft zu bilden.

1955

»Provisorisch ...«

Auf der Sitzung des IOC vom 13. bis 18. Juni wurde das NOK der DDR provisorisch anerkannt, eine Entscheidung, die allerdings sofort annulliert würde, wenn es sich als unmöglich erweisen sollte, eine gemeinsame Mannschaft für die Spiele 1956 zu bilden. Einzige Forderung Brundages: ein anderer DDR-NOK-Präsident. Kurt Edel erklärte sich ohne Zaudern bereit, zurückzutreten und den Verleger Heinz Schöbel als seinen Nachfolger zu empfehlen. Es wäre müßig, aufklären zu wollen, was Brundage zu diesem

Schritt bewogen haben mag. Am wahrscheinlichsten ist: Brundage wollte seine so radikal veränderte Haltung gegenüber der DDR nicht mit den gleichen Persönlichkeiten praktizieren, wie seine bis dahin radikale Ablehnung.

Bonn fordert Rechenschaft

Die fast nie publizierte Akte 604/472-00/00379/56 aus dem Archiv des Auswärtigen Amtes der BRD gab über weitere Hintergründe der Bonner Aktivitäten Auskunft: »Herr Ritter von Halt rief Herrn Müller-Horn (...) von München aus an, um in groben Zügen über das Zusammentreffen mit dem Präsidenten des sowjetzonalen NOK, Schöbel (...) zu unterrichten.(...) Unerlässlich sei jedoch eine Einflussnahme auf Avery Brundage, USA. (...) Dr. von Halt schlug nochmals vor (...) über Botschafter Conant – Außenminister Dulles – in vorsichtiger Form Brundage auf seine politische Kurzsichtigkeit aufmerksam zu machen.«

Wie eng das NOK der BRD an Bonn gebunden war, offenbarte ein anderer Absatz aus dem Protokoll der Sitzung vom 6. Januar: »Herr Staatssekretär Hallstein bittet Herrn Daume um Unterrichtung, wer von den 62 IOC-Mitgliedern bei der Abstimmung über die provisorische Anerkennung des sowjetzonalen NOK noch anwesend war, da eine Kenntnis der Haltung der IOC-Mitglieder wegen der vom AA in Erwägung gezogenen Schritte [Einflussnahme auf die IOC-Mitglieder, Anm.d.A.] natürlich von besonderer Bedeutung sei. Herr Daume sagt zu, diese Information sobald wie möglich zu erteilen.«

Halt referierte über seine jahrelangen Bemühungen, die Anerkennung des NOK der DDR zu vereiteln und offenbarte – so das Protokoll –, »dass seine Verhandlungsstrategie schon früher höheren Orts akzeptiert worden sei: ›In Vorsprachen bei dem Herrn Bundeskanzler 1952 und bei Herrn Botschafter Blankenhorn 1954 sei er in dieser Auffassung bestärkt worden.«

Es bedarf keines weiteren Beweises, um nachzuweisen, dass das NOK seit 1952 von der höchsten Instanz der Bundesregierung dirigiert worden war!

Der folgende Satz aus dem Protokoll schien in einem Abfalleimer verschwunden zu sein: »Bei dieser Gelegenheit bringt Herr von Halt zum Ausdruck, dass er sehr hoffe, dass es in Melbourne nicht mehr zu der gesamtdeutschen Mannschaft (BRD und SBZ) kommen würde. Er jedenfalls werde alles daransetzen, seine IOC-Kollegen zu einer Überprüfung des Pariser Beschlusses zu bringen.« Und dann packte von Halt aus: »Als neuen Beweis für die Illoyalität der sz. Sportfunktionäre berichtet Herr von Halt, dass ohne Wissen des NOK der BRD bereits jetzt eine Delegation von SBZ-Funktionären nach Melbourne unterwegs sei.«

Die hatte sich also auf den Weg gemacht, ohne sich zuvor in Bonn abzumelden! Durften die das? Nach von Halts Meinung offensichtlich nicht! Nur am Rande erwähnt der Autor, dass er zu diesen »SBZ«-Funktionären gehörte!

Die Konferenz endete mit der Mitteilung des Staatssekretärs Hallstein, »dass er einen im Hintergrund bleibenden Beobachter des AA und zwar Herrn Müller-Horn nach Cortina entsenden wolle. Er bittet Herrn von Halt, sich notfalls dieses Beobachters ... zu bedienen und diesen über den Fortgang der Verhandlungen während Besprechungen in den IOC-Gremien zu unterrichten. Herr von Halt begrüßt die Anwesenheit eines Beobachters ... er würde mit ihm gern Fühlung behalten.« Damit war Bonns Cortina-»Mannschaft« komplett!

1956

Der Weg in die Zukunft

Der Autor fand im Archiv des Auswärtigen Amtes der BRD zahlreiche Dokumente, die Aufschluss darüber gaben, welche politischen Schritte die Bundesregierung in der Branche Sport als nächstes zu verfolgen gedachte. Diese Feststellung ist auch deshalb von Belang, weil sie den Unterschied der Vokabel »Missbrauch« in Ost und West deutlich werden ließ. Die aufgefundenen Dokumente waren auch in diesem Fall so umfangreich, dass man sich auf knappe Auszüge beschränken muss.

Da wäre zum Beispiel der Brief Daumes an Innenminister Gerhard Schröder vom 26. Januar 1956 – also noch vor den Winterspielen in Cortina: »(…) Nun soll, nach den Olympischen Winterspielen eine gemeinsame Aussprache in ihrem Hause stattfinden. Ich glaube Veranlassung zu der Annahme zu haben, dass in Kreisen der Bundesregierung die mit dem Sport zusammenhängenden West-Ost-Probleme nicht in allen Teilen bekannt sind und vollständig übersehen werden. (…) Gegen die Aufnahme des NOK der sogenannten DDR hat Dr. von Halt als deutsches Mitglied des IOK gestimmt. Diese Haltung von Herrn von Halt ist in der deutschen Presse fast einhellig als undeutsch und unsportlich und von einem Teil der Auslandspresse als befremdend bezeichnet worden. Der IOK-Kongress hat gestern in Cortina die gesamtdeutsche Mannschaft als einen ›Sieg des Sports über die Politik gefeiert‹. Wir mögen hier über solche törichten Redensarten lachen. Je weiter man jedoch vom Kommunismus entfernt ist, um so harmloser sieht man die Zusammenhänge. (...)

6. Nicht geeinigt haben sich beide Seiten über die entscheidende Frage des »Chefs de mission«. Nach dem olympischen Statut muss jede teilnehmende Nation für ihre Gesamt-Mannschaft einen Chef de Mission stellen, der dem IOK gegenüber der Gesamtverantwortliche ist. Das Statut lässt natürlich nur einen Chef de mission zu.

(...) Wir haben aber auch nicht ohne besondere Überlegung so taktiert. Dem sowjetzonalen NOK blieb nämlich nun kein anderer Weg, als das IOK um Entscheidung zu ersuchen. Dort wiederum hatten wir vorgebaut, indem das IOK dahingehend entscheiden würde, dass der Chef de Mission von dem NOK mit den zahlenmäßig meisten Aktiven gestellt würde – also in jedem Fall vom NOK der Bundesrepublik.«

Die Vorgeschichte dieses Problems ist lang: Die BRD bestand darauf, den Chef de Mission zu stellen und überredete Brundage, die Zahl der Athleten jedes Landes zum Maßstab zu machen.

Das Gewicht von Daumes Satz – »also in jedem Fall vom NOK der Bundesrepublik« – dürfte nicht mal von ihm selbst übersehen worden sein: Er glaubte wohl, dass eine bundesdeutsche Mehrheit für alle Zeiten gesichert sei – und irrte!

Weiter Daume an den Minister: »Die Verhältnisse im internationalen Sport sind labil. Die Sicherstellung der Universalität der Spiele rangiert vor unseren nationalen Problemen. Wir müssen zumindest mit der wenn auch vielleicht unwahrscheinlichen Möglichkeit rechnen, dass nicht alles nach unserem Willen geht. Nun sind Sie, verehrter Herr Minister der Ansicht, dass die Bundesrepublik das Fernbleiben von den Olympischen Spielen ins Auge fassen sollte, falls das IOK dem sowjetzonalen NOK in irgendeiner Form den Status eines 'souveränen Staates´ zuerkennen würde, sei es beispielsweise auch nur in Form eines eigenen Chefs de Mission. Ich bin, offengestanden ganz anderer Meinung. Es hat mich betroffen, und ich habe es auch nicht verstanden, dass – nach Ihrer Darstellung – die Bundesregierung diese so wichtige Sache vom Kriterium der finanziellen Förderung aus sieht. Aber der deutsche Sport würde sich keinen schlechteren Dienst tun können, als sich aus einem solchen Anlass von den Olympischen Spielen selbst auszuschliessen. Genau so wenig Zweck hat es, dem IOK mit einem Fernbleiben von den Spielen zu drohen, falls man in dieser Frage nicht nach unseren Wünschen entscheidet. Das würde nicht nur von der sportlichen, sondern auch von der ganzen westlichen Welt, die ja unerschütterlich an ihrer Vorstellung vom unpolitischen Sport festhält, als eine ungehörige nationalistische und politische Demonstration in der Olympischen Sphäre abgelehnt werden.

Vielleicht denkt man innerhalb des Bundeskabinetts an gewisse Parallelen zur Haltung der Bundesregierung, die den Abbruch der diplomatischen Beziehungen all den Ländern angekündigt hat, die die sogenannte DDR anerkennen. Das kann sich die Bundesregierung im politischen Raum vielleicht erlauben. Sie hat in der NATO festverpflichtete Bündnispartner, stützt sich auf gemeinsame Abwehr-Interessen und ist die drittgrösste Wirtschaftsmacht der westlichen Welt. Der sportliche Status Deutschlands ist damit überhaupt nicht zu vergleichen. (...) Es kommt dann noch folgendes hinzu: Aus dem Sport ist nun einmal das Leistungsprinzip nicht zu entfernen. Jede grosse Leistung wird anerkannt, einerlei, von wem sie vollbracht wurde. (...) Die vorgenannten Folgerungen wären aber nicht einmal die schlimmsten. Weit gefährlicher wäre die Tatsache, dass die sog. DDR in dem gleichen Augenblick, wo die Bundesrepublik sich von den Olympischen Spielen oder auch vom internationalen Sportverkehr zurückzöge, sofort deren Stelle einnehmen würde. Man könnte den Herren in der sogenannten DDR überhaupt keinen grösseren Gefallen tun, als von den Spielen fernzubleiben. Dann würden die sowjetzonalen Propagandamühlen auf Hochtouren laufen, und man würde sich sofort bereit erklären, alle westdeutschen Sportler in ihre Mannschaft aufzunehmen. Und Sie können versichert sein, Herr Minister, dass eine ganze Reihe der westdeutschen Sportler dieser Aufforderung folgen würde, weil die jungen Menschen einfach nicht begreifen würden, warum denn die Sportler der Bundesrepublik als einzige in der ganzen Welt an den Olympischen Spielen nicht teilnehmen dürfen. Und Ihre Polizei, sehr geehrter Herr Minister, wäre nicht in der Lage, diese Sportler zu hindern, nach Berlin zu fahren und von dort in den Ostsektor zu gehen, um gleichsam triumphierend in Melbourne doch zu erscheinen. Diese ganze Aktion würde von unserer Presse mit einem Hohngelächter begleitet werden, und kein Hund würde von der Sportführung der Bundesrepublik, die sich zu einer solchen Massnahme hergäbe, noch einen Bissen annehmen. (...)«

Agenten in den Olympiamannschaften

»Lassen Sie mich nun, sehr verehrter Herr Minister, noch auf folgendes hinweisen, nachdem mir das Protokoll von der 125. Sitzung des Bundestages vorliegt. Danach haben Sie vor dem Plenum u.a. erklärt, ›dass bereits in mehreren Fällen als Sportler getarnte Agenten festgestellt werden konnten‹. Hier ergibt sich nun doch die Frage, warum uns das nicht eher mitgeteilt wurde, am besten doch wohl unmittelbar nach den einzelnen Feststellungen? Vertraut man dem Sport nicht und warum nicht? Wäre es nicht besser und den gemeinsamen Interessen dienlicher, wenn Regierung und sportliche Selbstverwaltung in dieser Frage zusammenarbeiten würden? Wir haben im übrigen auch unsere Augen auf, und uns ist niemals ein solcher Fall bekannt geworden. Jedenfalls hätten wir ihm mit drastischen Massnahmen begegnen können. Meine Mitarbeiter setzen im übrigen nach wie vor Zweifel in diese Feststellung, und es wird angenommen, dass Sie, Herr Minister, vielleicht doch unzutreffend unterrichtet wurden. Auf jeden Fall richte ich die Bitte an Sie, mir einige Einzelheiten bekanntzugeben. Aus naheliegenden Gründen sind diese natürlich von ganz besonderer Wichtigkeit, für uns. Für möglichst baldige Erledigung wäre ich Ihnen deswegen sehr verbunden.

Dagegen muss nun mit ganz besonderem Ernst die Tatsache erwähnt werden, dass der Nachrichtendienst der Bundesrepublik, die Organisation Gehlen, versucht, sich des Sports für ihre Zwecke zu bedienen. Mit meinem Briefe vom 20.9.55, gerichtet an Herrn Staatssekretär Bleek, habe ich diese Bemühungen zurückgewiesen. Der Sport wird nie und nimmer seine Zustimmung dazu geben; dies zunächst mal aus grundsätzlicher Einstellung und dann auch, weil wir international in eine völlig unmögliche Lage kommen würden, wenn irgendeine Verbindung mit dem Nachrichtendienst einmal nachgewiesen würde. Das wiederum wäre dann sehr naheliegend, denn es ist bezeichnend für die Exaktheit, mit der der Nachrichtendienst der Bundesrepublik arbeitet, dass er eine falsche Deckadresse aufgab, die dann kurz darauf als Irrtum berichtigt wurde. Herr Staatssekretär Ritter von Lex beantwortete am

31.10.55 meinen Brief dahingehend, dass die mit der Organisation Gehlen zusammenhängenden Angelegenheiten ausschliesslich vom Bundeskanzleramt bearbeitet würden; mein Brief sei nach dort weitergegeben worden, und die Antwort würde auch von dort erfolgen. Eine solche ist aber bisher nicht eingegangen. Nachdem nun ein Vierteljahr vergangen ist, bitte ich Sie, doch einmal energisch bei der zuständigen Stelle des Bundeskanzleramtes daran erinnern zu lassen.«

Diese Passagen Daumes an den Minister bedürfen keiner Erläuterung: Der Geheimdienst Gehlen - also die »Stasi« der BRD - war im Sport aktiv geworden; ohne den Sport zu informieren!

Analyse - aus eigenen Akten:

Im Archiv des Auswärtigen Amtes fand sich auch der folgende Daume-Brief an die zuständigen Minister:

»In diesen Zusammenhang muß ich nun nochmals auf das auf unserem Sektor vollständige Versagen des Bundespresseamtes hinweisen. Man befindet sich dort im Zustande völliger Ahnungslosigkeit, die sich aus einer mir gegenüber kürzlich gemachten Aussage ergibt: ›Wenn dem Wunsch der Bundesregierung auf Fernbleiben von den Olympischen Spielen Rechnung getragen wird, dann werden wir das pressemässig so vorbereiten, dass die öffentliche Meinung in der Bundesrepublik mit einer solchen Maßnahme einverstanden ist‹.«

Diese »Aufklärung«; wie in der Bundesrepublik Stimmung unter den »Massen« produziert wurde, erscheint nicht uninteressant.

Die große Krisensitzung

In den Tagen zwischen dem 14. und dem 16. Januar 1956 fand in Bonn eine Krisensitzung statt. Zuvor hatte das Auswärtige Amt die Botschafter in zahlreichen Ländern aufgefordert, die Lage zu sondieren.

Der Bonner Botschafter in London, Herwarth, hatte gemeldet: »Da der Präsident des Nationalen Olympischen Komitees von Großbritannien, Lord Burghley (identisch mit dem Marquess of Exeter), politischen Erwägungen schwer zugänglich ist,« – gemeint waren die Bonner Absichten – »bat ich Sir Ivone, auf ihn einzuwirken und anzuregen, dass die Frage der Revision der Pariser Beschlüsse noch in Cortina auf Tagesordnung gesetzt werden sollte ...«

Klartext: Mit den »Pariser Beschlüssen« war die Entscheidung des IOC gemeint, die DDR an den Spielen teilnehmen zu lassen, eine Entscheidung, die Bonn allen Ernstes um jeden Preis noch vor dem Auftakt in Cortina rückgängig machen lassen wollte.

Selbst die Botschaft in Havanna wurde mobilisiert, dabei behilflich zu sein, weil das damalige kubanische IOC-Mitglied – Miguel A. Moenck – zu diesem Zeitpunkt als Mitglied der IOC-Exekutive besonders einflussreich war.

Während also die DDR-Athleten nach Cortina aufbrachen, packten Bonner Diplomaten in letzter Minute willigen IOC-Mitgliedern noch den politischen Auftrag in die Koffer, die DDR am Start zu hindern. In Berlin ahnte niemand etwas davon.

Wie die Akten verrieten, hatte noch am 6. Januar im Auswärtigen Amt eine Sitzung stattgefunden, die wichtig genug gewesen war, Bundesminister Heinrich von Brentano an den Verhandlungstisch zu holen. Das überlieferte Protokoll wurde von einem gewissen Müller-Horn geführt, der eine Hauptrolle in Cortina spielen sollte.

Wie knackt man einen Code?

Am 25. Januar schickte er als »Olympia-Sonderbotschafter« seine erste Telefonbotschaft und kritisierte das IOC: »Die Vorsitzenden des Exekutivrates und der Plenarversammlung« – Müller-Horn hatte offensichtlich nicht einmal die Struktur des IOC erfasst –, »waren ziemlich unzugänglich und vor allem wohl dann nicht aktiv, wenn Dr. von Halt nicht drängte. Der wollte es verständlicherweise nicht zur Abstimmung über eine Anerkennung der DDR kommen lassen, da ihm das Stimmenverhältnis im Saal nicht sicher genug erschien.«

Hier muss vermutet werden, dass von Halt dem unbedarften Müller-Horn einen Bären aufgebunden hatte. Von Halt wusste, dass der Versuch, die DDR noch auszuschließen, aussichtslos bleiben musste. Brundage würde sich nicht überreden lassen, die Entscheidung rückgängig zu machen.

Müller-Horns größte Sorge aber war, dass in Cortina noch die DDR-Hymne gespielt würde, denn man hatte – ungläubig, dass die DDR überhaupt am Start erscheinen würde – vereinbart, jeweils die Hymne der Sieger zu spielen.

Der letzte Satz seiner Depesche lautete: »Vorstehende Mitteilungen wurden nach einem vorher festgelegten Code durchgegeben.«

Mich befiel der Wunsch, diesen Code entschlüsseln und ich ahnte nicht, dass er sich schon beim Wühlen in den Bonner Akten erfüllen würde: Schon auf der nächsten Seite stand Müller-Horns chiffriertes Telegramm und auf der übernächsten das entschlüsselte.

Das erste lautete: »Sohn hat von Kegelbahn ausreichend Vollmachten erhalten für Verhandlungen mit Bärenführern wegen Känguruh-Springen im Regen Wünsche von Nummer eins am Fenster durchzusetzen. Eisbecherproblem für Cortina kaum mehr akut, da Bäreneinzelsieg wahrscheinlich nicht mehr zu erwarten.«

Und dann: »Dr. von Halt hat von der Plenarversammlung IOC ausreichende Vollmachten erhalten, um für Verhandlungen mit Ost-NOK wegen gesamtdeutscher Mannschaft für Melbourne die Wünsche des Herrn Staatssekretärs durchzusetzen. Die Hymnenfrage ist für Cortina kaum mehr akut, da ein Einzelsieg eines Vertreters der ostzonalen Seite wahrscheinlich nicht mehr zu erwarten.«

Das »Eisbecherproblem«

Ich fühlte mich wie jemand, der ein hoch dotiertes Preisrätsel gelöst hatte: Der »Sohn« war also Ritter von Halt, die »Kegelbahn« das IOC. Das für Bonn gewählte »Schlüsselwort« lautete sinnigerweise »Kegelbahn«. Die DDR-Starter waren als »Bären« deklariert. Dass Staatssekretär Hallstein als »Nummer eins am Fenster« codiert worden war, deutete ich als eine devote Geste. Gescheitert wäre ich vielleicht auch nach Stunden an dem »Eisbecherproblem«. Dahinter verbarg sich unsere Hymne: Eisler hatte sie komponiert, Becher sie getextet!

Warum Müller-Horn zitterte

Es entstand ein Erinnerungs-Phantasiebild. Schauplatz: die Tribüne an der Schanze. Nach dem ersten Durchgang übernahm Harry Glaß aus der DDR mit einem 83,5-m-Sprung die Spitze. Die Gefahr der Hymne drohte! Bonn zitterte! Im zweiten Durchgang erreichte der mit der niedrigen Startnummer 21 gestartete Finne Annti Hyvärinen 84 Meter! Müller-Horn und Bonn atmeten auf. Dann Harry Glaß mit Startnummer 46. Dem Sprung fehlte es ein wenig an Haltung in der Luft: 80,5 m und nur 53 Haltungspunkte. Dann der Finne Aulis Kallakorpi. Auch nur 80,5 m, aber 54 Haltungspunkte. Bronze für Glaß! Bonn und meinem Tribünennachbar fallen Felsen von den Herzen.

Ich träumte einen Augenblick: An jenem 5. Februar 1956 wäre die Hymne der DDR erklungen ... Noch ein Gruß an Harry ins Grab: Du hast Bonn zittern lassen!

Und an ihn zu erinnern, erklärt auch diese ermüdend lange Liste der Bonner Aktivitäten. Es ging immer nur mit oft primitiven Einfällen gegen die DDR, aber dieser Feldzug ward noch nie so aufgegliedert veröffentlicht. Dieser Feststellung sollten noch die Zahlen der Medaillen beider Länder angefügt werden, weil sie manchen Schritt Bonns erklären: Die BRD hatte in Oslo, Helsinki, Cortina und Melbourne neun Goldmedaillen, 18 Silber- und 25 Bronzemedaillen errungen. Die DDR – durch die Bonner Aktivitäten in Oslo und Helsinki ausgeschlossen –, eine goldene, vier silberne und zwei bronzene Olympiamedaillen erkämpft. Ein aufschlussreicher Vergleich!

Streit um den »Chef« beginnt

Viel Zeit zur Erholung dürfte Bonns Olympiabeauftragter Müller-Horn nach seiner Rückkehr nicht geblieben sein, denn auf seinem Schreibtisch lag das 25-Seiten-Dokument des Deutschen Sportbundes, das Willi Daume am 26. Januar 1956 mit dem Hinweis »Streng vertraulich« an den Bundesminister des Innern, Dr. Gerhard Schröder, geschickt hatte.

Den Anlass für die Denkschrift kann man sich heute nur mehr mühsam vorstellen: Sie enthielt eine Ankündigung des Innenministers, dass man dem Sport alle Mittel sperren würde, wenn er eine gesamtdeutsche Mannschaft etwa auch für Melbourne akzeptieren würde!

Einer der Ausgangspunkte für Schröders Drohung war die Information, dass die DDR auf einem eigenen Chef de Mission für ihren Mannschaftsteil bestehen würde. Tatsächlich war dieser Chef nicht mehr als ein Bürovorsteher – zuständig für die Trainingszeiten, die Omnibusreservierungen bis hin zu den Terminen der Gratulationscouren der Medaillengewinner. Er trug den Titel Chef nur, weil Coubertin einst das erste Reglement in französischer Sprache konzipiert hatte. Wie auch immer: Ein Chef aus der DDR in einer Mannschaft beider Staaten war für jeden Bonner Minister unvorstellbar!

Daume war wiederum Realist genug, um Bonn darzulegen, welche Folgen »mit dem Fernbleiben von den Spielen drohen (…) Das würde nicht nur von der sportlichen, sondern von der ganzen westlichen Welt, die ja unerschütterlich an ihrer Vorstellung vom unpolitischen Sport festhält, als eine ungehörige nationalistische und politische Demonstration in der olympischen Sphäre abgelehnt werden. Vielleicht denkt man innerhalb des Bundeskabinetts an gewisse Parallelen zur Haltung der Bundesregierung, die den Abbruch der diplomatischen Beziehungen all den Ländern angekündigt hat, die die sogenannte DDR anerkennen. Das kann sich die Bundesregierung im politischen Raum vielleicht erlauben. (…) Der sportliche Status Deutschlands ist damit überhaupt nicht zu vergleichen.«

Olympias Don Quijote aus Bonn

Als erstes meldete die Botschaft nach Bonn: »Die deutsche Olympia-Mannschaft einschliesslich des Präsidenten des deutschen NOK Dr. Ritter von Halt ist nunmehr vollzählig in Melbourne versammelt (...) Nach den mir bisher von unserem Konsulat in Melbourne vorliegenden Nachrichten scheinen sich weder Herr von Halt noch der Chef de Mission der deutschen Mannschaft, Herr Gerhard Stöck, durch besondere Stehfestigkeit den sowjetzonalen Funktionären gegenüber auszuzeichnen. Als Erstes habe man akzeptiert, dass der von Herrn Botschafter Dr. Hess geplante Empfang für die gesamte deutsche Mannschaft nicht stattfindet.«

Das Motiv der DDR-Haltung: Hess hatte der Welt in Melbourne das »gesamte Deutschland« präsentieren wollen! Der Verzicht bewog den Botschafter zu erklären: »... angesichts [ausnahmslos aus den Akten des Auswärtigen Amtes der Bundesrepublik zitiert, die es nach 30 Jahren der Öffentlichkeit übergeben musste, Anm.d.A.] dieser neuen Lage habe ich nochmals einen Versuch unternommen, zu einer vernünftigen Lösung dieser ganzen Frage zu kommen und habe daher die Herren Stöck und König am Samstag, den 10.11. zum Abendessen eingeladen, um in Ruhe mit ihnen sprechen zu können. Ich habe ihnen unverblümt zu verstehen gegeben, dass das Verhalten der Vertreter des NOK der Bundesrepublik für den deutschen Botschafter in Australien nicht akzeptabel sei. (...) All das zeige, dass die Vertreter des NOK der Bundesrepublik sich gegenüber der Handvoll Funktionäre der Sowjetzone viel zu weich zeigten (gez. Sarrazin)«

Der Hintergrund dieser Kontroverse macht deutlich wie weit die Alleinvertretungsdoktrin reichte: Alle Deutschen beim Empfang des Botschafters oder keiner! Derlei Weisungen galten auch für die Mannschaft. So wurde der aus der Bundesrepublik stammenden Erika Fisch nicht gestattet, zusammen mit ihren aus der DDR stammenden Sprintstaffelmitgliedern auf einen Flur zu ziehen. Schwerathleten wurden geholt, um ihren Schrank in den »Westflügel« zu schleppen …

Skandal : »Sogar Brüderschaft« unter den Brüdern

Auch das wurde nach Bonn gemeldet: »Mangelnde Stehfestigkeit unserer Offiziellen gegenüber den Ostfunktionären wird immer nur für diese von Vorteil sein. Um ein Beispiel zu nennen: Herr Dr. Danz, Präsident des Deutschen Leichtathletik-Verbandes, ein dem Vernehmen nach unter seinen Kollegen im NOK wegen seiner eigenwilligen und egoistischen Handlungsweise nicht geschätzter Herr, hat sich verschiedenen Ostfunktionären in wenig würdiger Weise angebiedert. Anlässlich eines Balls des hiesigen Deutschen Clubs hat man ihn hauptsächlich mit diesen Herren zusammenstehen sehen. Er soll nach der gleichen Quelle mit Herrn Schöbel, dem Präsidenten des NOK der sowjetisch besetzten Zone, sogar Brüderschaft getrunken haben.«

Der Ballabend und die Hymne

Sogar der von dem Botschafter so lange geplante und dann durch von Halt abgesagte Empfang fand am Ende doch noch statt. Man hatte ihn in einen »Ball« umgewandelt und sich im vornehmlich von den Deutschen in Melbourne frequentiertem Victoria-Club getroffen, wo rund zwei Stunden gute Laune dominierten (was ich als einer der vom Botschafter eingeladenen Gäste notfalls beeiden könnte). Urplötzlich prägte Verwirrung die Gesellschaft: Das Orchester hatte die Tanzmelodien abrupt beendet, erhob sich und spielte das Deutschlandlied. Der Botschafter und sein Stab schienen stolz darauf zu sein, sich doch noch durchgesetzt zu haben.

Die DDR-Athleten und Betreuer aber sammelten sich spontan in der Saalmitte und marschierten in Dreierreihe ohne irgendeine Order zum Ausgang. So endete das Vergnügen in wenigen Minuten. Ein einziger DDR-Sportler, nämlich der Hallenser Boxer Ulli Nitschke, blieb im Saal, aber nicht, weil er den Ausmarsch nicht gebilligt hätte, sondern weil er so sturzbesoffen war, dass er die Ereignisse nicht mehr wahrnahm. Die australischen Zeitungen hatten ihre Schlagzeilen über die wenige Tage zuvor noch als Triumph der deutschen Einheit gefeierte Mannschaft!

Wie ich als »IM« des BND geworben werden sollte

Der Gehlen-Geheimdienst ging viele Wege. Bis nach Übersee! Drei Wochen vor dem Eintreffen der beiden deutschen Mannschaften waren deutsche Emigranten – Kommunisten ausgeschlossen – zu einem Treffen im deutschen Klub eingeladen worden. Erschienen waren rund einhundert Personen, und zwar sowohl vor den Nazis geflohene Juden als auch bei der Fahndung nach Kriegsverbrechern gesuchte Nazis. Nach einführenden Bla-bla-Reden über den Umgang mit der »gesamtdeutschen« Mannschaft, erhob sich plötzlich eine Frau und erläuterte ihr Anliegen: »Wir wissen so gut wie nichts über die Sowjetzonenteilnehmer, weder über die Athleten, noch über die Begleiter und Trainer. Fakten über sie sind für uns von enormer Bedeutung. Das reicht von Auskünften darüber, ob sie Raucher oder Nichtraucher sind hin zu Informationen über ihr sexuelles Verhalten. Zudem bitten wir wohlhabende Emigranten, ihre Autos oder Luxusboote für die Betreuung dieser Sowjetzonenteilnehmer zur Verfügung zu stellen. Unser Problem: Wir fanden bislang niemanden, der über die nötigen Kenntnisse verfügt ...«

Daraufhin meldete ich mich mit dem Hinweis, all diese Informationen liefern zu können. Fassungslos bat mich die Dame ins Nebenzimmer, informierte mich dort als Erstes, dass man in australischer Währung und bar zahlen würde und wollte zwischendurch auch wissen, wo ich denn tätig sei, dass ich über solche Informationen verfüge? Ich antwortete: »Beim *Neuen Deutschland*.«

Damit war die Unterhaltung beendet. Die Dame – erfuhr ich auf Umwegen – war augenblicklich in die Geheimdienstzentrale nach Canberra beordert worden und soll dort fortan mit Büroarbeiten beschäftigt gewesen sein ...

So kam es, dass lange vor meinem ersten Stasi-Kontakt ungewollt ein Kontakt zum BND zustande gekommen war.

1958

Der Paradeprozess gegen von Brauchitsch

Die Liste der Prozesse gegen Sportler und Sportfunktionäre, die wegen ihres Kontakts zum DTSB in der Bundesrepublik verurteilt worden waren, darf man ungerührt endlos nennen und es wäre an der Zeit, im Umfeld des 25.

Jahrestages des Mauerfalls eine ungekürzte Liste der Opfernamen der Öffentlichkeit zu übergeben oder sich sogar zu entschließen, ein Goldenes Buch der Sportopfer zu publizieren.

Auf der ersten Seite stünde der weltberühmte Autorennfahrer Manfred von Brauchitsch, der 1948 zum ersten Präsidenten des Automobilclubs von Deutschland (AvD) gewählt worden war. Im März 1951 wählte man ihn zum Vorsitzenden des »Bundesdeutschen Komitees für Einheit und Freiheit im Deutschen Sport«. Nachdem seine Autobiografie *Ohne Kampf kein Sieg* in einem Ostberliner Verlag erschienen war, leitete der Staatsschutz der Bundesrepublik Deutschland Ermittlungen gegen das von ihm geleitete Komitee ein. Im September 1953 wurde er verhaftet und wegen Hochverrats, Geheimbündelei und Staatsgefährdung angeklagt. Er verbrachte acht Monate in Untersuchungshaft und floh kurz vor der Gerichtsverhandlung am Bayerischen Oberlandesgericht in die DDR, wo er zum Präsidenten der Gesellschaft zur Förderung des Olympischen Gedankens gewählt wurde und diese Funktion bis 1990 bekleidete. Der Prozess gegen ihn war nie offiziell eingestellt worden.

Noch einmal sei betont: Nie wurden bislang die Opfer dieser Verfolgung von Sportfunktionären und Athleten geehrt oder gar entschädigt. Behauptungen, sie seien für die Kommunistische Partei tätig gewesen, waren nie nachgewiesen worden. Der einzige Vorwurf lautete, sich für die Einheit im deutschen Sport engagiert zu haben, und selbst wenn eine Verjährung dieses Delikts fällig geworden wäre, hätte das Nationale Olympische Komitee – jetzt DOSB – die moralische Verpflichtung gehabt, den Betroffenen gegenüber eine Geste der Achtung ihres Wirkens im Sinne der olympischen Idee zu bekunden.

1959

Wie die Flaggenschlacht begann

Am 1. Oktober 1959 führte die DDR eine neue Nationalflagge ein: auf schwarz-rot-goldenem Grund ein Symbol mit Ährenkranz, Zirkel und Hammer. Die Bundesregierung ließ das NOK wissen, dass man der Olympiamannschaft nicht gestatten würde, hinter einer anderen Flagge als der bundesdeutschen aufzutreten. Diese Entscheidung ließ keinen Kompromiss zu. Ein neues Kapitel der deutsch-deutschen Sport-Auseinandersetzung war aufgeschlagen.

Daume flog nach Chicago, um die Situation mit Brundage zu bereden. Man munkelte, dass einer der Söhne eines der bundesdeutschen IOC-Mitglieder vorgeschlagen hatte, die schwarz-rot-goldene Flagge mit weißen olympischen Ringen zu dekorieren. Brundage gefiel diese Lösung, doch fürchtete Daume, dass die Bundesregierung auch diese Variante nicht akzeptieren würde. In seiner Not bemühte er sich einmal mehr Brundage zu überreden, diese Flagge in Bonn als die Entscheidung des IOC auszugeben.

Inzwischen entschied die Bundesregierung am 28. Oktober, dass das Zeigen der DDR-Flagge als Verstoß gegen die Verfassung betrachtet und demzufolge strafrechtlich verfolgt würde.

Am 6. Dezember versammelte sich das NOK der BRD in Hannover und zwar im Haus des Continental-Konzerns. Die Wahl dieses Ortes war kein Zufall. In einem vertraulichen Gespräch, das der Continental-Werbechef während der stundenlangen Wartezeiten mit mir führte – sicher, dass ich nichts darüber schreiben würde –, deutete er an, dass die bundesdeutsche Industrie jede antiolympische Aktion der Regierung verhindern würde.

Der NOK-Pressechef Felix von Eckardt bummelte durch den »Wartesaal« und bot 100-Westmark-Wetten an, dass die bundesdeutsche Mannschaft niemals hinter einer Flagge mit den Ringen marschieren würde. Daume wusste, was auf dem Spiele stand und mahnte das im Saal tagende Gremium des NOK vor der Abstimmung: »Hier gilt es nicht, Mannesmut vor Regierungsthronen zu zeigen, sondern eine weise und würdige Entscheidung zu treffen.«

Einstimmig stimmte das NOK für die Flagge mit den Ringen, der die DDR schon Tage vorher zugestimmt hatte. Dann schickte man ein Telegramm an Bundeskanzler Adenauer und die Bundesregierung: »Das NOK würde ernsthaft in Erwägung ziehen, von den Olympischen Spielen fern zu bleiben, wenn damit der deutschen Sache gedient werde.

Ein Verzicht auf die Teilnahme an den Olympischen Spielen würde aber nur bedeuten, dass die gesamtdeutsche Mannschaft von der Sowjetzone allein gestellt und die Repräsentation Deutschlands durch das Regime der Zone allein erfolgen würde. Aus diesem Grund entschloss sich das NOK, die von IOC-Präsident Brundage vorgeschlagene Flagge mit den fünf Ringen anzuerkennen.«

Am Schluss erinnerte das NOK noch einmal: »Der Sport ist seiner Natur nach in den Augen der freien Völker der Weit kein Instrument der Politik, kein geeignetes Mittel zum außenpolitischen Streit der Völker untereinander und ebensowenig zu innenpolitischen Auseinandersetzungen!«

Die bundesdeutschen Medien sparten nicht mit Kritik am bundesdeutschen NOK, doch erinnerte Daume immer wieder daran, dass als einzige Alternative der Verzicht der Teilnahme an den Spielen in Rom blieb.

Die doppelte Einladung

Die Tatsache schien auf den ersten Blick keine Zeitungsnotiz wert, lieferte aber in Bundesdeutschland Schlagzeilen: In München hatte der Marchese Allessandre Tassoni Estense di Castelvecchio Ritter von Halt aufgesucht und ihm die Einladung zu den XXVII. Olympischen Sommerspielen in Rom überreicht. Keine halbe Stunde später kabelten die bundesdeutschen Nachrichtenagenturen die Nachricht in die Welt: »Am historischen Gründungstag der Stadt Rom wurden den 89 dem Internationalen Olympischen Komitee angeschlossenen Ländern in aller Welt durch die diplomatischen Missionen Italiens die offiziellen Einladungen des Organisationskomitees für die Olympischen Spiele 1960 in Rom überreicht. In München übergab Marchese Allessandre Tassoni di Castelvecchio die in einem künstlerisch wertvollen Lederfutteral enthaltene Pergamenturkunde dem deutschen NOK-Präsidenten Dr. Karl Ritter von Halt, dessen Komitee für die Bildung und Entsendung der gesamtdeutschen Mannschaft federführend ist.«

Unterschlagen worden war die Tatsache, dass zur gleichen Stunde, ein anderer Marchese in Berlin dem Präsidenten des NOK der DDR, Dr. Heinz Schöbel, die Einladung für die DDR überreicht hatte. Ebenfalls auf Pergament und ebenfalls in Leder gehüllt.

Recknagel ohne Visum

Als Helmut Recknagel ein Jahr vor den Winterspielen in Squaw Valley sein allen Olympiakandidaten durch die Statuten garantiertes Training absolvieren wollte, verweigerte ihm Washington das Einreisevisa und der »federführende« Ritter von Halt äußerte keine Silbe des Protestes. Einmal mehr ergab sich die geradezu widersinnige Situation, dass einem Olympiakandidaten aus rein politischen Gründen das Visum verweigert worden war. Auch ohne Training holte Recknagel ein Jahr später die Goldmedaille für die DDR!

1960

Auch Brundage chancenlos

Zu den Winterspielen war den DDR-Journalisten die Einreise nach Squaw Valley verweigert worden. Helga Haase musste ohne ihren Trainer zum

Olympiasieg reisen und Willi Daume erklärte großmäulig gegenüber westdeutschen Reportern: »Wir brauchen keine Kulturwarte und FDJ-Funktionäre in Squaw Valley!« Der Anlass für seinen Zynismus war die Tatsache, dass die Amerikaner DDR-NOK-Kunstwart Erhard Höhne die Einreise verweigert hatten. Er gehörte, ebenso wie der Kunstwart des NOK der BRD, zur Mannschaft. (Übrigens: Um Mitglied der FDJ zu werden, war er schon zu alt ...)

Zur Erinnerung an die Visaverweigerung für die DDR-Journalisten – den Olympiasieg Recknagels übertrug den Millionen Hörern in der DDR ein Sportfunktionär mit viel Herz und starkem mecklenburgischen Akzent – habe ich ein Souvenir aufbewahrt: Das Telegramm des IOC-Präsidenten Brundage, adressiert an das NOK der DDR: »Bitte informieren sie die Journalisten, dass ich Visa für alle akkreditierten deutschen Sportjournalisten gefordert habe – Avery Brundage«

In diesem Fall kann sich das Weiße Haus also rühmen, Bonner Weisungen gefolgt zu sein, denn die bundesdeutschen Journalisten waren alle in Squaw Valley ...

Bonn schickte »Spezialisten«

Vor den Sommerspielen in Rom geriet die für den Chef de Mission ausschlaggebende Zahl der Athleten beider Mannschaften zum ersten Mal in die Nähe eines »Unentschieden«. Neuer Anlass zur Panik für Daume, der nun auch schon mal zum »Knüppel« griff. Als der Präsident des bundesdeutschen Radsportverbandes auf Ausscheidungen in der Vierermannschaft verzichtete, weil das DDR-Quartett haushoch überlegen war, wurde er über Nacht als Präsident gefeuert und neue Ausscheidungen erzwungen. (Und wieder verloren ...)

Aber auch sonst tat sich manches, was wenig mit sportlichen Bestleistungen zu tun hatte. Als ich Anfang August 1960 zum ersten Mal das Olympische Dorf von Rom betrat, wurde ich dort ungewollt Zeuge eines heftigen Streits. Ein Bundesdeutscher hatte einem Landsmann vorgeworfen, er habe im Olympischen Dorf nichts zu suchen.

Ich verließ den Ort des Streits, erlaubte mir aber, Gerhard Stöck, Olympiasieger im Speerwerfen 1936 und Chef de Mission der Mannschaft in Rom, nebenbei nach dem Motiv der so heftigen Kontroverse zu fragen. Stöck zauderte zunächst, gab aber dann den Namen des so lautstark des Hauses Verwiesenen preis: Dr. Werner Klingeberg. Dessen Daten fand ich im Politischen Archiv des Ministeriums für Auswärtige Angelegenheiten: Geboren am 15. Juli 1910 in Hannover; 1929–1932 Deutsche Hochschule für Leibesübungen Berlin; 1932 Sekretär der Deutschen Olympia-Mannschaft bei den X. Olympischen Spielen in Los Angeles; 1934–1937 Organisations-Komitee für die XI. Olympischen Spiele in Berlin, Leiter der Sportabteilung; 1937–1939 Internationales Olympisches Komitee, Lausanne, Technischer Berater und Sekretär; 1943–1945 Dienst in der Naziarmee; am 10. Oktober 1952 Berufung in den Auswärtigen Dienst; vom 1. bis 20. Juni 1956 Olympia-Attaché anlässlich der XVI. Olympischen Reiterspiele für die bundesdeutsche Mannschaft; 20. Juni 1960: Abordnung für die Zeit vom 14. Juli bis zum 20. September 1960 als Olympia-Referent an die Botschaft Rom; 1. Juli 1964 Abordnung an die Botschaft Tokio zur Unterstützung während der Olympischen Spiele.

Die italienische Illustrierte *Via Nuove* hatte seine Fakten noch ergänzt, indem sie mitteilte: »Für die führende Rolle Gehlens zeugt auch, dass der Chef des amerikanischen Geheimdienstes, Allan Dulles, nach Pullach kam und dort mit Gehlen den sogenannten ›Plan OR‹, nämlich das Aktionsprogramm für Rom, beschloss. Ein weiteres Ergebnis dieser Beratung war, dass Klingeberg sofort nach Rom entsandt wurde. Er sollte sich dort auch mit Sportlern der DDR in Verbindung zu setzen und sie zur Republikflucht überreden.« Außerdem traf er sich täglich mit dem ebenfalls in Rom tätigen Bruder Gehlens zu Arbeitsbesprechungen.

Der Einsatz von Geheimdienstagenten bei Olympischen Spielen war – und ist – weltweit nicht ungewöhnlich, tangiert aber in diesem Fall auch das Problem des Chefs der

Mission. Denn: Zu Klingebergs Aufgaben gehörte demnach auch das Abwerben von DDR-Athleten. Und wie viele Athleten jedes Land in die Mannschaft brachte, entschied bekanntlich letztlich der »Chef«.

Wie Klingeberg nach den Berliner Spielen 1936 sogar Sekretär des IOC werden konnte, verrieten wiederum Privatakten des IOC-Kanzlers Otto Mayer. IOC-Mitglieder hatten damals vorgeschlagen, den schwerkranken Schweizer Oberst Berdez für die Funktion des Sekretärs zu bestätigen, aber die durch die Berliner Spiele in der olympischen Bewegung einflussreicher gewordenen Deutschen, erzwangen Klingebergs Wahl zum stellvertretenden Sekretär. Da kaum jemand mit Berdez' Genesung rechnete, wurde entschieden, dass Klingeberg die Post des IOC für die nächsten Sommerspiele erledigen sollte. Damit hatte Klingeberg den Fuß in der IOC-Tür.

Knapp 17 Monate später, am 6. Januar 1942, starb der belgische IOC-Präsident Baillet-Latour. Klingeberg drängte die Gräfin Baillet-Latour, ihm die Geschäfte des Präsidenten zu übertragen. Doch der Versuch, den Tod des Präsidenten nutzen zu können, um das IOC in deutsche Hand zu bekommen, scheiterte. Soweit ging die Sympathie des Schweden Edström für die Deutschen nicht. Er hatte längst selbst alle in der Hand. Die »Affäre Klingeberg« hat im Grunde nur wenig mit den deutsch-deutschen Kontroversen zu tun, bewies aber, dass Bonn engagierte, wer schon in der Nazizeit olympisch tätig gewesen war.

Am 11. September waren die römischen Spiele zu Ende gegangen, am 28. September, verkündeten die Essener *Ruhr-Nachrichten*: »Außenminister von Brentano forderte gestern vor der CDU-Bundestagsfraktion, endlich mit dem Kulturaustausch mit der Sowjetzone und dem gesamtdeutschen Sportverkehr Schluss zu machen!«

Auch der »Ami«-Torwart ehrte die DDR-Hymne

In der Schweiz wurde die Eishockey-Weltmeisterschaft ausgetragen. Die Partie der DDR gegen Norwegen musste darüber entscheiden, wer von beiden in der höchsten Gruppe A spielen würde. Die Begegnung endete mit einem von unseren Jungens bejubelten 6:3-Sieg. Danach musste die Mannschaft in Lausanne gegen Kanada antreten. Überfüllt waren die Tribünen an diesem Abend in Genf, wo die ewigen Rivalen UdSSR und CSSR aufeinander trafen. Dass die Zuschauer dennoch interessiert waren, zu erfahren, was sich in Lausanne zutrug, war der Tatsache zuzuschreiben, dass es nach dem ersten Drittel 0:0 stand und nach dem Zweiten immer noch. Am Ende stand es dann 5:2 für den haushohen Favoriten, aber die DDR-Mannschaft war in aller Munde.

Am Finalsonntag standen sich abends Kanada und die UdSSR gegenüber und am Nachmittag die BRD und die DDR. Dass am Morgen Willy Daume in seinem Sport-Zweisitzer eintraf, ließ ahnen, dass wieder mal mit Problemen zu rechnen war. Tatsächlich fanden stundenlange Verhandlungen zwischen ihm und der Mannschaft statt. In Bonn fürchtete man einen DDR-Sieg und demzufolge das Erklingen der DDR-Hymne. Das Spiel – so Daumes Order - dürfe nur stattfinden, wenn ein Sieg garantiert werden könne – eine Forderung, die im Sport zu den Ausstellungsreifen Raritäten zählt. Wie sollten die Spieler einen Sieg garantieren können? Noch dazu nicht um des sportlichen Erfolgs, sondern um eines politischen Triumphs willen!

Daume glaubte allen Ernstes, die Schweizer überreden zu können, auf eine Zeremonie nach dem Spiel zu verzichten. Die Antwort war knapp aber deutlich.

Also entschied Willy Daume: Wegen der Gefahr einer

sportlichen Niederlage tritt die Bundesrepublik nicht an! Nie zuvor waren Sport und Politik so eng miteinander verknüpft gewesen! Und erwähnt werden sollte auch: In dem 280-Seiten-Standardwerk – mitfinanziert von der Stiftung zur Aufarbeitung der SED-Diktatur – *Kalter Krieg auf der Aschenbahn: Der deutsch-deutsche Sport 1950–1972* von Uta Andrea Balbier ist diese Tatsache mit keiner Silbe erwähnt! Ein Beweis mehr dafür, wie die »Aufarbeitung« der DDR auch wissenschaftlich gehandhabt wird!

In Genf aber standen damals die Schweizer vor einem ihnen unlösbar erscheinenden Problem: Die Halle war überfüllt, aber nur eine Mannschaft auf dem Eis!

Die Schweizer fragten die DDR, ob sie bereit wäre, gegen eine internationale Mannschaft anzutreten, was dadurch möglich geworden war, dass bis auf die abendlichen Finalisten für alle anderen die Weltmeisterschaft vorüber war. Die DDR willigte ein und die Schweizer Funktionäre hetzten in Taxis durch die Stadt, Spieler suchend, die bereit waren, noch einmal die Schlittschuhe zu schnüren. Es kam eine stattliche Mannschaft zusammen, die nach einem die Zuschauer begeisternden Spiel 2:5 gegen die DDR verlor.

Die Schweizer hatten nach dem Nichterscheinen der BRD bereits einmal die DDR-Hymne gespielt und intonierten sie nach diesem – nicht Partie der Weltmeisterschaft! – demonstrativ ein zweites Mal!

Das Tor der internationalen Mannschaft hatte übrigens der US-amerikanische Torwart gehütet. Ihn fragte ich am Ende: »Sind sie auf dem Eis geblieben, als die DDR-Hymne gespielt wurde?« »Das gehört sich so«, lautete seine Antwort.

Am Abend wurde der DDR die Fair-play-Medaille der Weltmeisterschaft überreicht – für jeden Spieler eine wertvolle Schweizer Armbanduhr!

Die »Laufdame« warf das Handtuch

Leider hat niemand im Büro des NOK der DDR die Zahl der Visaverweigerungen in einer Liste festgehalten. Da die einzelnen Verbände Visa für alle Veranstaltungen und für alle Kandidaten ihrer Mannschaften vier Wochen vorher die Visa beantragen mussten, würden die Visa-Anträge und die Verweigerungen im Verlauf der Jahre eine Fabelzahl ergeben. Ich fand die Frau, die jedes Mal die Fragebogen im »Travel«-Büro abgeben musste, wenn eine DDR-Mannschaft bei Welt- oder Europameisterschaften starten wollte. Sie mühte sich redlich, die Zahl zu ermitteln. Nach einer Woche rief sie mich an und kapitulierte. So wird diese Zahl für ewig in die Vergessenheit geraten!

BRD forderte endgültigen »Sport-Ausschluss« der DDR

Am 16. August 1961 verkündete Willi Daume den Abbruch des Sportverkehrs zwischen beiden deutschen Staaten. Sein Kommentar: »Das ist die Sprache, die die Zone versteht!«

Am 5. September ließ er über den Sender Rias verbreiten: »Durch den Düsseldorfer Beschluss sind die Verbände des Weltsports zur Entscheidung aufgerufen. Sie müssen handeln, wenn sie nicht die Magna Charta des Sports und sich selbst in Gefahr bringen wollen, schon in nächster Zeit politisch hochzugehen!«

Tatsächlich war dieser Abbruch des Sportverkehrs zwischen beiden deutschen Staaten eine von Bonn kommandierte politische Verzweiflungstat. In der BRD waren weder die Wirtschaft noch der Handel oder kulturelle Instanzen bereit gewesen, die Errichtung der stabilen Massiv-Grenze zwischen beiden deutschen Staaten mit einer, die Öffentlichkeit tangierenden »Straf«-Maßnahme zu beantworten. Am Ende der Möglichkeiten blieb allein der Sport und dessen williger Kapitän Daume. Wie man ihn dazu bewog, sogar den Weltsport aufzufordern ihm zu folgen, wird man nie erfahren.

Besonders problematisch war die Situation, weil einmal mehr Olympische Spiele bevorstanden, die Ausscheidungen voraussetzten – deren Folge wiederum der Chef de Mission war – und Daume mit unlösbaren Problemen konfrontierten. Es blieb nur die Vermutung, dass er sich zu diesem Amoklauf entschlossen hatte, weil er die einzige Alternative zu seinem Rücktritt gewesen wäre. Dagegen sprach allerdings, dass er zwei Tage später sogar das Internationale Olympische Komitee aufgefordert hatte, das NOK der DDR auszuschließen! Damit hatte er sich unwiderruflich in die Region der Utopie begeben, denn selbst die der DDR nur mäßige Sympathie entgegenbringende Sportwelt verspürte keine Lust, Daume auf seinem Amoklauf zu begleiten. Kein einziger Weltsportverband reagierte auch nur auf diesen Appell. Einzig die Bonner Regierung applaudierte ihm!

Allerdings begann der Weltsport mit für Bonn unerwarteten Reaktionen. Die bereits nach Garmisch-Partenkirchen vergebenen Skiweltmeisterschaften des Jahres 1963 wurden über Nacht nach Oslo verlegt, die Gewichtheber-Weltmeisterschaft 1966 sogar aus der BRD in die DDR! Bonn – sich im Sport immer noch als Macht empfindend – begann, sich zum »Krisenfaktor« zu wandeln!

DTSB-Mitgliedschaft in der BRD nach wie vor strafbar!

Eifrig auf Kurs aber blieb die bundesdeutsche Justiz. Auch hier wäre die Frage aktuell, wie sie wann ihre von der Politik bestimmten Urteile gegen Sportler und Sportfunktionäre für nichtig erklären will?

Ein Beispiel von vielen: Der Bundesgerichtshof hatte ein Urteil des Landgerichts Lüneburg gegen einen Angeklagten wegen angeblichen Missbrauchs des Sports im Interesse des DTSB aufgehoben, um für Recht zu erklären: »Auf dem Wege des sogenannten ›gesamtdeutschen Sportverkehrs‹ soll die Bevölkerung der Bundesrepublik, soweit sie in Sportvereinen zusammengefasst ist, allmählich mit kommunistischem Gedankengut durchsetzt und ihr Vertrauen in Maßnahmen der Bundesregierung auf sportlichem und politischem Gebiet untergraben werden.«

Für die Erfüllung des Tatbestandes der §§ 42, 47 BVerfGG sei nach der Rechtsprechung des Bundesgerichtshofs ausreichend, »dass der Täter die Wirksamkeit der verbotenen Partei oder einer Ersatzorganisation in Kenntnis des Verbotes mit mindestens bedingtem Vorsatz auf irgendeine Weise fördert oder zu fördern versucht.

Das Landgericht stellte ausdrücklich fest, dass der Angeklagte nach seinen Erfahrungen bei einer Feier in Magdeburg und dem Sportlergespräch‹ in Oberhof volle Kenntnis von der verfassungsfeindlichen Tendenz der sogenannten ›gesamtdeutschen‹ Arbeit des DTSB erlangt hätte. (...) Der Bundesgerichtshof hat ferner in seinem zur Veröffentlichung bestimmten Beschluß dargelegt, es seien sichere Anhaltspunkte dafür vorhanden, dass der sowjetzonale DTSB eine von der SED gelenkte Massenorganisation sei, die ihre sogenannte ›gesamtdeutsche Arbeit´ im Rahmen der SED-Gesamtorganisation für Westarbeit betreibe. (...) Es gehört deshalb nach der ständigen Rechtsprechung des Bundesgerichtshofs zum inneren Tatbestand, dass der Täter sich in irgendeiner Weise zum Werkzeug der Staats- und verfassungsfeindlichen Bestrebungen der fremden Vereinigung machen will (...) Das Landgericht stellt ausdrücklich fest, dass der Angeklagte nach seinen Erfahrungen bei der Feier in Magdeburg und dem ›Sportlergespräch‹ in Oberhof volle Kenntnis von der verfassungsfeindlichen Tendenz der sogenannten ›gesamtdeutschen‹ Arbeit des DTSB erlangt hatte. (...) Das Landgericht ist ferner zutreffend davon ausgegangen, dass der Angeklagte den Tatbestand der Unterstützung staatsgefährdenden Nachrichtendienstes erfüllt hat.«

Wäre es nicht an der Zeit, dass die Bundeszentrale für politische Bildung mindestens ein Kabinett eröffnet, in dem Wissenschaftler und Interessierte erfahren, wie die Bonner Justiz gegen den DDR-Sport mit Haftstrafen vorging und die Laufbahn zahlreicher Sportfunktionäre durch den Makel »vorbestraft« schädigte?

1962

Bayern contra Bonn und zusammen contra DDR

Variantenreich versuchten – auch das soll nicht unterschlagen werden – bundesdeutsche Sportfunktionäre den von Daume verkündeten Abbruch durch Tricks zu umgehen, auch um der Gefahr zu entgehen, sich zunehmend international zu isolieren. Eine Lösung glaubte man zu finden, in dem man die Möglichkeiten der Länderhoheit der Bundesländer nutzte.

Einen der spektakulärsten Fälle lieferte die wegen ihrer exzellenten internationalen Besetzung mit Spannung erwartete XI. Internationale westdeutsch-österreichische Vierschanzentournee. Sie sollte am Freitag, dem 28. Dezember in Oberstdorf (Westdeutschland) beginnen und Tausende strömten an die Schanze, um das Duell des Norwegers Engan gegen Recknagel zu verfolgen. Daume hatte verlauten lassen, dass es sich um eine internationale Veranstaltung auf bundesdeutschem Boden handelt und teilte den Veranstaltern mit, dass der DSB keine Einwände habe. Vorsichtshalber wandten sich die Organisatoren auch noch nach München und erhielt auch von dort eine ausdrückliche Genehmigung.

Ich betätigte mich als Journalist recherchierend und besuchte auf dem Weg zur Schanze das Polizeirevier. Der einzige Dienst tuende Beamte – wir kannten uns von zahlreichen Tourneen – bestätigte diese Informationen.

Auf dem weiteren Weg quälte sich ein Mercedes mit Schneeketten bergauf, was nichts Gutes verhieß.

Die Springer aller Länder präparierten im Auslauf ihre Skier und stiegen zum Schanzenturm. Plötzlich hetzte der Polizist wutschnaubend an mir vorüber. Ein aus Bonn eingeflogener Beamter hatte das Kommando an der Schanze übernommen, hatte aber versäumt, passendes Schuhwerk anzulegen, sodass er in Halbschuhen durch den Schnee stakend, den Kampfrichterturm zu erreichen versuchte. Dort endlich angelangt, forderte er den Polizisten auf, die DDR-Springer daran zu hindern, den Schanzenturm zu besteigen. Das geschah – durch die Distanz bedingt – brüllend.

Dann forderte er die inzwischen in Höhe des Schanzentisches angelangten DDR-Springer auf, wieder hinabzusteigen. Recknagel fragte ihn, ob er die eiserne Springerregel nicht kenne, dass kein Springer je zu Fuß eine Schanze hinabsteigen würde. Der Mann aus Bonn, dessen Schrei-Kommandos inzwischen von Tausenden Ohrenzeugen verfolgt wurden, ließ sich durch ein Telefon – so ein Eingeweihter hinterher mitteilend – mit Bonn verbinden und erteilte dann Recknagel und seinen Mannschaftskameraden die Genehmigung vom Schanzentisch in die Tiefe zu fahren, wo sie mit einem Jubelsturm empfangen wurden.

48 Stunden später wurde das Duell Recknagel-Engan in Innsbruck nachgeholt und von dem Norweger für sich entschieden. Dabei bezwang Recknagel den bundesdeutschen Star Georg Thoma um 0,4 Punkte. Am Neujahrstag in Garmisch-Partenkirchen hatte Recknagel wieder Startverbot.

Der bundesdeutsche Ski-Präsident Dr. Heine gab mir ein Interview, verriet dabei, dass man ihn in der Nacht vor Oberstdorf erresst und sogar gedroht hatte, dass er auswandern müsse, wenn er den Auftritt der DDR-Springer nicht verhindern würde.

Nach Belgrad über Malmö

Der Schnee schmolz, der Bonner Beamte saß vermutlich längst wieder in neuen Halbschuhen an seinem Schreibtisch, an dem ihn das nächste Problem erwartete: Es galt eine gesamtdeutsche Mannschaft für die Leichtathletik-Europameisterschaften zu bilden, die dafür nötigen Ausscheidungen aber nicht auf deutschem Boden auszutragen, denn Daume hatte durch seinen Abbruch die Begegnung bundesdeutscher Athleten und DDR-Athleten auf deutschem Boden unmöglich gemacht. Einmal mehr sah sich die Internationale Leichtathletikföderation (IAAF) vor einem kaum lösbaren Problem. Sie schickte drei Funktionäre – darunter den britischen Präsidenten Exeter – zu einer Konferenz mit den Deutschen aus Ost und West in die Schweiz, wo man auch nach stundenlangen Verhandlungen keine Lösung fand. Der britische Lord teilte nach dem gemeinsamen Mittagessen – in einem nicht billigen Hotel – kühl mit: »Jeder zahlt seine Zeche selbst. Die IAAF ist nicht bereit, Ihre Querelen auch noch zu finanzieren!«

Nach weiteren ergebnislosen Konferenzen, zu denen der Präsident allerdings nicht mehr erschien, tauchte der Vorschlag auf, die Ausscheidungen in Prag und Malmö auszutragen. Daraufhin erklärte der Präsident des bundesdeutschen Verbandes, Dr. Danz, dass man in Prag auf keinen Fall antreten würde. Da meldete sich Exeter am Telefon: »Wer nicht in Prag antritt, kann auch nicht an den Europameisterschaften teilnehmen!« Bonn musste also seine Athleten nach Prag schicken. Während der Titelkämpfe in Belgrad hatte Exeter die DDR-Vertreter zu einem Gespräch eingeladen und sich über die Vorgeschichte dieser Situation informieren lassen. In einem weiteren Gespräch, an dem auch die bundesdeutschen Vertreter teilnahmen, erklärte er, dass er nie wieder derartige Ausscheidungen akzeptieren würde und verlangte von Danz, dass er umgehend eine verbindliche Erklärung abzugeben habe, dass die Ausscheidungen für die Olympischen Spiele in Tokio wie vor Belgrad stattfinden würden. Es war die erste Entscheidung eines Sport-Weltverbandes gegen Bonn!

Daumes misslungene Poker-Party

Was sich Ende des Jahres in Lausanne zutrug, könnte den Stoff für einen Film liefern: Ein wenig Krimi, ein Hauch von Posse, aber alles unter den olympischen Ringen und in dem Salon, in dem schon Coubertin regierte. Eine Konferenz soll stattfinden, um die im deutsch-deutschen Trubel neu aufgekommenen Probleme in den Griff zu bekommen.

Im IOC-Hauptquartier, der Villa Mon Repos hoch über dem Genfer See klapperte Frau Zangghi wie täglich auf ihrer Schreibmaschine, auf der sie schon Coubertins Post erledigt hatte. Einberufen hatte die Sitzung der IOC-Präsident Brundage, der aber selber wegen des ewigen deutschen Streits nicht den Atlantik überqueren wollte und deshalb drei ›Delegierte‹ nominiert hatte: Das Schweizer IOC-Mitglied Albert Mayer, das ägyptische IOC-Mitglied Taher Pascha und den Kanzler des IOC Otto Mayer. Von deutscher Seite stand auch Willy Daume auf der Gästeliste.

Niemand konnte ahnen, dass Daume, den nach seinem bisherigen Verhalten, alle für einen engen Vertrauten der Bonner Regierung hielten, mit einem Vorhaben in den Zug nach Lausanne gestiegen war, das einem Pokerspiel mit gefälschten Karten glich. Was ihn dazu bewogen hatte, wird man nie mehr in Erfahrung bringen. Es blieb schon deshalb ewig ein Rätsel, weil es sich einige Tage massiv gegen Bonn richtete.

Sein mehr als verwegener Plan, der im Grund erst Wochen später ans Licht kommen konnte: Der ewigen Botschafterdienste für Bonn überdrüssig, wollte er das IOC veranlassen, über Nacht für zwei deutsche Olympiamannschaften zu plädieren. Erreichte er das, konnte er nach Bonn fahren und das dort als überraschende Entscheidung des IOC ausgeben.

Die Zusammensetzung der Konferenz mochte ihn ermuntert haben: Der Ägypter hatte weder Einfluss noch eine Meinung, die beiden Schweizer neigten dazu, sich als alle versöhnenden Schweizer und IOC-Kommandozentrale auszugeben.

Dennoch blieb es ein mehr als gewagter Plan, den er zunächst durch jemanden vorschlagen lassen musste und dann auch noch mit der von ihm in dieser Frage gewohnten Energie bekämpfen musste! Die entscheidende Frage blieb an jenem Morgen: Wen würde er überreden können, den Vorschlag zu unterbreiten? Die Schweizer hätten ihm nie Glauben geschenkt: Daume – Bonn im Hintergrund – für zwei Mannschaften? Ausgeschlossen!

Also setzte er alles auf die eine Karte, die ihm blieb: Taher Pascher.

Er stieg in Lausanne aus dem Zug, erkundigte sich, mit welchem Zug der Ägypter zu erwarten sein könnte und postierte sich auf dem Bahnsteig. Als Taher Pascher erschien, lud er ihn ein, vor der Taxifahrt ins ›Mon Repos‹ im Bahnhof noch einen Kaffee zu trinken. Im Restaurant entwickelte er ihm seinen Plan, zwei deutsche Olympiamannschaften vorzuschlagen. Pascher war sprachlos, reagierte kaum und eilte irritiert zum Taxistand, Daume folgte ihm eine Viertelstunde später und erklärte den Wartenden, dass sein Zug Verspätung gehabt hätte.

Pascher dachte nicht daran, der Konferenz Daumes Plan vorzutragen, auch weil er das Risiko fürchtete, irgendwann als Vertrauter der DDR verdächtigt zu werden. Irgendwann begab man sich zum Mittagessen, und zwar jede der drei Gruppen für sich.

Während der Mahlzeit erzählte der Ägypter den beiden Schweizern, warum er und Daume tatsächlich zu spät gekommen waren. Die Mayer-Brüder sahen eine einmalige Gelegenheit, sich als diejenigen feiern zu lassen, die die leidige ›deutsche Frage‹ gelöst hatten, und erschienen am Nachmittag mit dem sensationellen Vorschlag, künftig zwei deutsche Mannschaften starten zu lassen. Sie glaubten noch immer, dass Daume mit einem empörten Nein antworten würde. Und erlebten fassungslos, dass Daume zustimmte. Die DDR-Delegation glaubte, im falschen Film zu sitzen. Niemand konnte sich Daumes Sinneswandel erklären und erst recht niemand, woher er den Mut nahm, gegen die Bonner Regierung zu votieren. Otto Mayer wollte die Gunst des Augenblicks nutzen, rief nach Frau Zangghi, der er die Vereinbarung diktierte und sie dann für alle Beteiligten vervielfältigen ließ.

Die Nachricht, dass es künftig zwei deutsche Mannschaften geben könnte, hatte sich in Lausanne wie ein Buschfeuer verbreitet. Im Nu war der für die Journalisten reservierte Saal überfüllt. Mayer las vor: »Für die Olympischen Spiele des Jahres 1964 in Tokio und Innsbruck werden Deutschland-West und Deutschland-Ost eigene Mannschaften an den Start bringen. ... Dieser Beschluss ist die logische Folgerung von Schwierigkeiten, die sich gegenwärtig für die Bildung einer total vereinigten deutschen Mannschaft ergeben würden. Er dient am besten dem olympischen Geist.«

So der Kanzler. Und Daume? Der verschwand umgehend, hatte aber nach seiner Rückkehr eine Presse-Erklärung in der Hand. Natürlich eine, die der ›Sowjetzone‹ die schwarze Karte zuschob: »Ich sehe auf der sowjetzonalen Seite schon einige Schwierigkeiten, denn das politische Sandkastenspiel geht so nicht auf. Man hat keine permanenten Verhandlungen, mit denen man die Mauer gesellschaftsfähig machen und andere politische Absichten verfolgen kann.«

Drei Tage später druckt die Hamburger *Welt* ein Daume-Interview. Gefragt, was er von dem Beschluss in Lausanne hielt, antwortete er: »Sie ist meines Erachtens unter den gegebenen Umständen eine akzeptable Lösung. Sie würde uns die endlosen strapaziösen Verhandlungen und die notwendig werdenden Ausscheidungskämpfe ersparen.«

1963

Die Vergesslichkeit des Willi Daume

Am 20. Januar 1963 beschied Frau Zangghi alle nach dem IOC-Kanzler fragenden Anrufer, dass der derzeit nicht erreichbar sei. Wenig später hatte ihn die Stuttgarter Sportnachrichtenagentur ISK (Internationale Sportkorrespondenz) an irgendeinem Telefon dennoch erreicht und fragte ihn, wie er die verblüffende Erklärung Willi Daumes aufgenommen habe, die Lösung von Lausanne sei für ihn ›vom ersten Augenblick an unannehmbar‹ gewesen. Der Kanzler war sprachlos.

Am nächsten Morgen konnte man seine Meinung in vielen europäischen Blättern lesen: »Ich bin mehr als überrascht, dass sich Herr Daume so geändert hat. Er war bei der Lausanner Zusammenkunft mit dem Kompromissvorschlag getrennter deutscher Mannschalten absolut einverstanden, und er machte nur zur Bedingung, dass sich sein NOK am 12. Januar in Frankfurt anschließt. Ja, der Vorschlag geht sogar auf Herrn Daume selbst zurück! Er unterbreitete ihn mir am 8. Dezember, während der Verhandlungspause. Daraufhin bat ich in der Mittagspause meinen Bruder Albert Mayer, den Schweizer IOC-Delegierten, die Kompromisslösung mit zwei deutschen Mannschaften auszuarbeiten, die dann bei der Nachmittagsbesprechung bekannt gegeben wurde. Ich komme sonst mit Herrn Daume sehr gut aus, aber diese Schwenkung kann ich nicht verstehen. Man kann doch heute nicht so und morgen so denken! Ich weiß nicht, ob auf den westdeutschen NOK-Präsidenten von irgendeiner Seite ein Druck ausgeübt worden ist.«

Daumes Ränke ließen sich auch mit einem Tonband belegen. Am 14. September 1962 hatte Rias II eine Diskussion Daumes mit Westberliner Schülern übertragen, die ihm folgende Frage gestellt hatten: »Würden Sie die gesamtdeutsche Mannschaft auch dann in Kauf nehmen, wenn dazu Verhandlungen notwendig sind und auch Ausscheidungskämpfe?«

Daume: »Um eine gesamtdeutsche Mannschaft zu bilden, muss man natürlich miteinander sprechen, Ausscheidungen austragen, die auf Grund gesetzlicher Bestimmungen im Augenblick überhaupt nicht möglich sind.«

Fünf Wochen später, am 21. Oktober 1962, hatte Daume neun Forderungen an Otto Mayer geschickt, die er als Voraussetzung für eine gemeineinsame Mannschaft betrachtete und von denen er sich eine Ablehnung durch das NOK der DDR erhoffte.

Dann folgte sein Doppelsalti in Lausanne. Als Bonn diese angebliche IOC-Variante strikt ablehnte, kehrte Daume auf Kurs Bonn zurück. Die Pokerparty begann von neuem.

Diese mittlerweile möglicherweise langweilenden Etappen müssen so exakt wiedergegeben werden, um nachzuweisen, dass es sich auch um eine Lüge handelte, was man seit 65 Jahren der DDR vorwirft und wohl auch in den nächsten 65 Jahren vorwerfen wird: Sport politisiert zu haben.

Ich habe in meiner Journalisten-Laufbahn die Meinung unzähliger führender Sportfunktionären vieler Weltverbände kennen gelernt. Sie waren zum größten Teil Antikommunisten, aber im Laufe der Jahre wandelte sich ihre ursprüngliche DDR-Aversion zunehmend in eine strikte

Bonn-Aversion! Nur politische Paktbildungen bewahrten Bonn vor zunehmender Verdrossenheit des Weltsports, der sich nicht selten bis zu unverhohlenem Groll steigerte. Das ist kein Versuch, eine »ideale Sport-DDR« zu erfinden, sondern eine simple Bilanz der Tatsachen, die belegt, wie sich der Weltsport mehr und mehr von Bonner Direktiven ab- und der olympischen Haltung der DDR zuwandte.

Alles begann bei Null

Nach Daumes Eskapade wurde die endlose Kette der Verhandlungen fortgesetzt. Am 9. März 1963 traf man sich im Westberliner Hotel Hilton. 19 Punkte wurden unterschrieben. Punkt 12: »Die Führung der gemeinsamen deutschen Olympiamannschaft liegt in den Händen der beiden NOK-Präsidenten …«

Sie sind gleichberechtigt, verhandeln miteinander, lassen sich fotografieren, als sie sich freundschaftlich die Hände schütteln. Und sie unterschreiben auch Punkt 9: »Die Ausscheidungskämpfe sind Kämpfe der Verbände untereinander und finden öffentlich ohne besondere Zeremonien statt.«

Das änderte am Sachverhalt gar nichts. Generell durften Aktive beider deutscher Verbände nicht miteinander Sport treiben. Westdeutschen Aktiven drohten Sperren, wenn sie in die DDR reisten, DDR-Sportlern drohte polizeiliche Haft, wenn sie in Westdeutschland starteten.

Nach wie vor galt Daumes Erklärung vom 16. August 1961: »Wir können und wollen nicht mit politischen Funktionären zusammentreffen und so tun, als sei nichts geschehen. Ich bin sicher, dass unser Beschluss die einzige Sprache ist, die die Zone versteht.«

Er »räumte« ein …

Wer das heute liest, mag sich fragen, wie damals die bundesdeutschen Athleten darauf reagierten? Daume musste nicht aufgeklärt werden, wie unsportlich Bonns Haltung, stimmte aber immer zu. Er bekannte sogar am 27. März 1963 in Mannheim vor aller Öffentlichkeit: »Wir können auf die Dauer nicht unseren Aktiven, zum Beispiel Hetz, erklären: Als anständiger Staatsbürger musst du auf einen Start in Leipzig und damit mutmaßlich auf drei Europameistertitel verzichten; um ihm ein anderes Mal zu sagen: Als guter Staatsbürger musst du jetzt in Leipzig zur Ausscheidung für die gesamtdeutsche Olympiamannschaft antreten. Das versteht das Sportvolk nicht, und das macht es auch auf die Dauer nicht mit.«

Das Göritz-Urteil

Und auch die Serie der nie annullierten Urteile nahm kein Ende. Zum Beispiel: Am 16. April 1963 eröffnete Landgerichtsdirektor Schwier in Dortmund das Verfahren gegen Ernst Joachim Göritz. Der gelernte Postfacharbeiter war angeklagt worden, an drei Langstreckenläufen in der DDR teilgenommen zu haben. Obwohl in keinem Gesetzbuch der BRD die Starts bei sportlichen Vergleichen in der DDR als gesetzeswidrig zu finden waren, wurde Göritz zu sechs Monaten Gefängnis verurteilt.

Zu erwähnen wäre noch, dass ein Zeuge in diesem Prozess darauf hingewiesen hatte, dass am 29. April 1960 zwischen dem DTSB Leipzig und dem Landessportbund Nordrhein-Westfalen ein nie annullierter Vertrag über den gemeinsamen Sportverkehr abgeschlossen worden war.

Unterschrieben vom Präsidenten des nordrhein-westfälischen Landessportbundes. Der hieß Willy Weyer und war auch Ministerpräsident Nordrhein-Westfalens.

Wieder in Mon Repos

Am 20. August 1963 traf man sich wieder am Sitz des IOC in der Coubertin-Villa Mon Repos. Eine Minuten-Szene aus der Sitzung: Nach einem Anruf, erhob sich Daume von seinem Stuhl, umrundete den Tisch und sagte dem Generalsekretär des NOK der DDR, Helmut Behrendt: »Teilen Sie Ihren Fußballleuten mit, dass sie zu dem vereinbarten Spiel einladen sollen.«

Der Sachverhalt: Am Sitz des IOC in Lausanne hatte entschieden werden müssen, auf welchen deutschen Fußballplätzen die beiden Spiele der Olympia-Ausscheidung stattfinden sollten.

Mit maximal zwei Telefongesprächen hätte diese Frage geklärt werden können. Zwei Kreisligavereine in Ost und West hätten es vermutlich mit Postkarten erledigt.

In diesem Fall aber hatte sich folgendes auf Forderung Daumes – im Auftrage Bonns – zugetragen: Am 28. Mai 1963 hatten sich die Vertreter der beiden deutschen Fußballverbände in Eisenach getroffen und vereinbart, die Ausscheidungsspiele in Karl-Marx-Stadt (15. September) und Hannover (22. September) zu bestreiten. Im Westen wurden diese Begegnungen bis heute nicht als Länderspiele geführt, obwohl es welche waren, dieweil beide Verbände von der FIFA seit 1952 als Mitglieder geführt wurden!

Als man auseinander ging, war auch geklärt, wer Hosen in welcher Farbe tragen würde und wie die Jerseys gefärbt sein würden!

Bald darauf bekam Daume bekam eine Mitteilung aus Bonn, wonach die Spiele um jeden Preis in Berlin-West ausgetragen werden müssten. Bonn hatte Daume auch die staatsrechtlich-politische »Begründung« geliefert, die der Eisenhüttenbesitzer prompt an den DDR-Fußballverband weiterleitete: Da Berlin-West staatsrechtlich nicht zur Bundesrepublik gehörte, würden Spiele dort juristisch nicht auf »deutschem« Boden stattfinden und somit das Bonner Verbot respektieren. Die DDR lehnte die Verlegung der von den Fußballverbänden vereinbarten Spielorte ab, die BRD bestand auf Berlin-West. Es blieb als einzig von allen Seiten zwangsläufig akzeptierter Schiedsrichter der Präsident des IOC, Avery Bundage. Der hatte längst die Nase voll und er entschied: Es wird dort gespielt, wo die Fußballverbände vereinbart hatten.

Wen mehr der Sport als die Verhandlungen interessiert, sollte erfahren: Das erste Spiel gewann die DDR 3:0, das zweite verlor sie 1:2 und hatte sich damit für die Olympia-Ausscheidungsrunde qualifiziert. Dort bezwang sie die Niederlande, traf in der nächsten Runde auf den Olympiasieger von 1956, die Sowjetunion, erzwang in Moskau und in Leipzig jeweils ein 1:1 musste in Warschau ein Entscheidungsspiel bestreiten, das sie sensationell 4:1 gewann, hatte sich damit für Olympia qualifiziert, bezwang dort den Iran 4:0, trennte sich von Rumänien 1:1, bezwang Mexiko 2:0, dann sogar den letzten Olympiasieger Jugoslawien 1:0, unterlag im Halbfinale der CSSR 1:2 und holte sich gegen die VAR mit 3:1 Olympiabronze!

Nur bis Brüssel gekommen

Szenenwechsel: Für die Straßenmannschafts-Weltmeisterschaft in Herentals (Niederlande) kündigte das Programm mit den Startnummern 11, 12, 13, 14 die DDR an. Als sie aufgerufen wurde, rief der Starter vergeblich dreimal. Zwei Tage vorher war die Mannschaft in Brüssel gelandet und hatte sich um eine 48-stündige Aufenthaltsgenehmigung in den Niederlanden bemüht. Vergeblich. Das Auswärtige Amt in Bonn riet den Niederländern, die Visa nicht zu erteilen. Belgische Polizei zwang die Mannschaft in Brüssel, im Aufenthaltsraum auf den Rückflug in die DDR zu warten.

1964

Der für Kunstflug zuständige Konsul

Jedes Paperback-Lexikon gibt Auskunft über die Aufgaben eines Konsuls: »Vom Staat bestellter Vertreter in einem anderen Staat; Aufgaben: Ausübung einzelner behördlicher Befugnisse (zum Beispiel Ausstellung von Visa)«

Die Akten des Archivs des Auswärtigen Amtes der Bundesrepublik Deutschland belegen, dass die Bundesregierung ihren Konsuln strikte Aufträge erteilt hatte, sich hemmungslos in den internationalen Sportverkehr einzumischen, wenn es darum ging, die Position der DDR zu mindern. Am 19. September 1964 hatte der Konsul der BRD in Bilbao – Adresse: Calle Buenos Aires 1 – auf einem Acht-Seiten-Bericht über seine Aktivitäten bei der bei den III. Internationalen Kunstflugweltmeisterschaften berichtet: »Bereits Wochen vor Beginn der Weltmeisterschaft hatte ich mit den spanischen Veranstaltern Vorbesprechungen mit dem Ziel aufgenommen, bei der Austragung der Weltmeisterschaft das Hissen der SBZ-Spalterflagge und das Abspielen der sogenannten Becher-Hymne zu verhindern. Ich wurde bei diesen meinen Bemühungen von der Botschaft Madrid nachhaltig unterstützt und konnte schliesslich erreichen, dass meinem Wunsche Rechnung getragen wurde. Die Veranstalter zeigten schliesslich bei der zwei Wochen währenden Meisterschaft neben der Flagge der internationalen FAI nur die spanischen Nationalfarben. Das Hissen anderer Nationalflaggen unterblieb. Den gleichen Erfolg konnte ich bei der hiesigen Presse erreichen. Sie vermied geflissentlich die Verwendung der Bezeichnung ›DDR‹ für die Sowjetzone.

Jeder aufgerufenen und sodann aufmarschierenden Mannschaftsgruppe trug ein in baskische Volkstracht gekleidetes Mädchen ein Schild mit der entsprechenden Landesbezeichnung voran. (…) Die SBZ-Mannschaft hatte jedoch – zuvor unbemerkt – zwischen den Worten Aero-Club und Neuenhagen die 3 Buchstaben DDR einfügen lassen. Als ich dies sah, legte ich beim verantwortlichen spanischen Leiter der Veranstaltung, gegen diese Bezeichnung sofort Protest ein und zog mich in den Hintergrund zurück.«

Selbst einem auch amüsante Situationen akzeptierenden Historiker fiele es wohl schwer, sich das Bild vorzustellen: Ein Konsul, der die Tribüne meidet und über das Flugfeld spaziert, um so namens seiner Regierung Protest gegen das Franco-Regime kundzutun, weil es die Buchstaben ›DDR‹ übersah. Ob sich Madrid in Bonn wenigstens entschuldigte?

Der Konsul hatte sich auch gezielt um die Freizeit der

DDR-Piloten gekümmert: »Auf meine Anregung hin hatte ein Mitglied der hiesigen deutschen Kolonie die gesamte SBZ-Mannschaft zusammen mit dem Frankfurter Flieger Greb auf seine Segeljacht zu einem Ausflug auf hohe See eingeladen. Andere Kolonieangehörige hatten einzelne mitteldeutsche Flieger zu sich in's Haus gebeten oder ihnen in Autorundfahrten die Umgebung von Bilbao vorgeführt. Ich hatte den Eindruck, der eine oder andere der SBZ-Flieger hätte sich gern dazu entschlossen, nicht mehr hinter die Demarkationslinie zurückzukehren, wenn es eine Lösung der Kernfrage gegeben hätte: ›Was geschieht dann mit der in der SBZ zurückgebliebenen Familie‹?«

Den Hass-Gipfel erklommen

Um dem Leser des Jahres 2014 ein Bild zu vermitteln, was der bundesdeutsche Medienkonsument vor einem halben Jahrhundert über Olympia und die Deutschen erfuhr, hier Kernsätze des Leitartikels der *Welt* über die Winterspiele in 1964 Innsbruck: »Ost-Sportler springen für das Regime. Früher als erwartet ist in Innsbruck das gesamtdeutsche Dilemma ausgebrochen. Noch bevor die olympische Flamme erlischt, die Jugend der Welt den Koffer packt und die letzte Medaille vergeben ist, wird Olympia mit Füßen getreten. Der olympische Geist, der dieses sportliche Spektakulum frei von chauvinistischen und politischen Auswüchsen verstanden wissen wollte, wurde von kommunistischen Funktionären geschändet. Das zeigen nur allzu deutlich die Innsbruck-Kommentare des Zonenrundfunks und Fernsehens.

Olympia ist, auf globaler Ebene, zum Fingerhakeln zwischen den Systemen geworden. Und nirgends findet diese

Entwicklung einen so deprimierenden Niederschlag wie in der sogenannten gesamtdeutschen Mannschaft.

Während die Deutschen diesseits der Elbe jenen 4. Februar, der ihrer gemeinsamen Mannschaft zwei Gold-, zwei Silber- und eine Bronzemedaille bescherte, als den ›Tag der Deutschen‹ feierten, überschlug man sich vor Begeisterung darüber, dass die ›DDR‹ nunmehr Westdeutschland deklassiert habe in der Nationenwertung und an vierter Stelle stehe. Im Gegensatz zur Bundesrepublik, die nur den zehnten Platz einnehme. Sie kennen kein Deutschland, und sie lassen keine Gelegenheit aus, ihre Zweistaatentheorie in Innsbruck zu demonstrieren. Ihr Sieg im Rodeln war im trübsten Sinne des Wortes eine gesamtdeutsche Rutschpartie. Die Kufen ihrer Schlitten donnerten für den Sozialismus bergab. Sie wachsen ihre Ski für Ulbricht, und sie fliegen von den Schanzen, um ihr Regime ins Gespräch zu bringen.

Sie weigern sich, vor westdeutsche Kameras zu treten. Sie geben keine Interviews. Sie verstoßen gegen das Kleiderprotokoll, um bei Siegesfeiern ihre ›Eigenstaatlichkeit‹ zu demonstrieren. (…) Was sich in diesen Tagen an blanker Gehässigkeit, an Niedertracht und an sozialistischen Minderwertigkeitskomplexen rund um die Pisten und Hänge tummelt, ist widerwärtig – und doch ein Teil der deutschen Wirklichkeit.

Der westdeutsche Chef de Mission, Dr. Heine, hat die gesamtdeutsche Mannschaft ›einen Betrug an der Öffentlichkeit‹ genannt. Dieses Wort war in seiner Konsequenz ein voreiliges Wort. Keiner könnte den Funktionären jenseits der Elbe einen größeren Gefallen tun, als für getrennte Olympiamannschaften zu plädieren. Ein Ziel, das die Männer um Ulbricht seit Jahren erstreben und dessen Erreichung sie sich nie näher gesehen haben als in Innsbruck.

Ihr Wunsch, die politische Forderung durch sportliche erhärten zu können, hat sich bis zur Stunde erfüllt. Sie ›stehen besser da‹ als wir – ihr sozialistisches Soll wurde erfüllt.

Männer ohne Hut

Die Sommerspiele in Tokio begannen für Bonn mit einem Desaster. Zum ersten Mal stellte die DDR mehr Athleten in der gemeinsamen Mannschaft als die BRD und damit auch den Chef de Mission. (Es sollte daran erinnert werden, dass es eine Bonner Idee war, die Mehrheit über den Chef entscheiden zu lassen!)

Nun also stellten 17 Millionen DDR-Bürger mehr Olympioniken als 56 Millionen Bundesbürger. Der *Rheinische Merkur* formulierte, was viele empfanden: »Ein Kommunist wird Deutschlands Sportler – die Sportler aus beiden Teilen Deutschlands! – in Tokio in die olympische Arena führen. Ein Kommunist wird der erste Mann in der Marschkolonne hinter der schwarz-rot-goldenen Flagge sein, und im gleichen Schritt und Tritt werden Sportler und Sportlerinnen aus München und Frankfurt, aus Köln und Ratzeburg marschieren.«

Die Zeit, Hamburg, formulierte noch drastischer: »Tokio dürfte für uns gewissermaßen ein Stalingrad oder wenigstens ein Waterloo sein ... Man hat, was fast noch schlimmer ist, im kalten Krieg eine Schlacht verloren!«

Verlieren aber mochte die BRD nicht einmal, wenn es um die Hüte ging! Die Segler hatten ihre Quartiere in Enoshima, dem Segelrevier. Dort hatten die Japaner auch eine kleine Eröffnungszeremonie arrangiert. Sie begann mit Verzögerung – wegen eines Streits der Deutschen, den wiederum kein Japaner begreifen konnte: Die bundesdeutschen Segler hatten sich bei der Eröffnung geweigert, die Hüte aufzusetzen, die zur offiziellen Olympiakleidung gehörten. Ihre »Begründung«: Es handelte sich um Kopfbedeckungen, die in einem volkseigenen Betrieb gefertigt worden waren! So erlebte Enoshima die erste auch optisch unterscheidbare West-Ost-Mannschaft: »Ossis mit, Wessis ohne Hut«.

Doch war diese Kontroverse eine harmlose Posse im Vergleich zu der am nächsten Tag beginnenden Auseinandersetzung. Schon bei den Ausscheidungen vor Warnemünde und Lübeck hatte es Stapel von Protesten gegeben, deren Anlass in der Geschichte des Segelsports beispiellos war: Die BRD-Segler warfen den DDR-Seglern vor, ein »Team«-Segeln zu praktizieren. Um dem Laien diesen selbst dem Experten nur mühsam erklärbaren Sachverhalt zu erklären, versuche ich es mit laienhaften Begriffen. Die bundesdeutschen Segler versuchten sich durch erfolgreiche Regatten für Olympia zu qualifizieren. Die DDR-Segler ließen – wenn nötig – Rivalen aus der eigenen Mannschaft passieren, um ihnen Siege zu ermöglichen. Der Hauptschiedsrichter war ein Schweizer, der diese Variante ›Team-Segeln‹ taufte und den Bundesdeutschen erklärte: »Die Segelregeln kennen keinen Paragraphen, der diese Variante untersagt und faktisch einen Verzicht auf einen vorderen Rang untersagt. Demzufolge kann ich keine Verletzung der Regeln erkennen.«

Der Daume-Betrug

Die DDR-Variante führte auch dazu, dass der unbestritten überragende bundesdeutsche Finn-Dinghi-Segler Kuhweide zur fünften Wettfahrt entnervt, weil chancenlos, nicht mehr erschien. Die Bundesdeutschen forderten, ihn wegen seiner internationalen Erfolge dennoch starten zu lassen, obwohl sich der DDR-Segler Bernd Dehmel korrekt qualifiziert hatte.

Daumes danach praktizierter Winkelzug ließ sich nur als übelster Gaunerstreich bezeichnen. Er appellierte an Schöbels Fairness, und der ließ sich am Ende einer Stunden währenden Verhandlung überreden, einer bei Olympia noch nie praktizierten Variante zuzustimmen: beide Komitees sollten dem IOC-Präsidenten vorschlagen, Dehmel und Kuhweide starten zu lassen und der nach vier Wettfahrten besser Platzierte sollten die restlichen vier Regatten bestreiten. Man hatte Schöbel wegen dieses Entgegenkommens auch im eigenen Lager heftig kritisiert, aber er berief sich auf den »olympischen Geist« und wurde mit dieser beispiellosen Geste ein Opfer seiner olympischen Gutmütigkeit.

Brundage stimmte mit Beifall zu, aber als die in dieser Bootsklasse den Teilnehmern vom Veranstalter zur Verfügung gestellten Boote vergeben wurden, war nur eines für beide Deutsche vorhanden und das war – nach einer Geheimkonferenz zwischen Daume und dem Präsidenten der Internationalen Jacht-Union, dem Engländer Scott – Kuhweide übergeben worden. So blieb der sportlich qualifizierte Dehmel Zuschauer.

Ein maßlos empörter Brite erzählte mir, wie der Vizepräsident des bundesdeutschen NOK, Wülfing, den Ablauf beim Abschlussempfang Hände reibend zum Besten gegeben hatte: Der Botschafter der BRD, Dittmann, hatte mit seinem britischen Kollegen verabredet, dass der Scott einen entsprechenden Wink geben sollte. Auch Klingeberg war vor Ort!

Von seinem schlechten Gewissen gegenüber Dehmel geplagt, schrieb Schöbel per Boten einen Brief an Daume: »Ich beziehe mich auf die gestern abend im Hotel Imperial stattgefundene Beratung der beiden deutschen NOK über die Nominierung im Segeln. (…) Ich mache Sie darauf aufmerksam, dass entsprechend der Festlegung der beiden deutschen NOK der Start von Sportlern als Vertreter einer gemeinsamen deutschen Olympiamannschaft nur erfolgen kann, wenn hierfür die Zustimmung der beiden deutschen NOK-Präsidenten vorliegt. Da ich dem Start des Sportlers Kuhweide, der sich bei den Ausscheidungswettkämpfen der beiden deutschen Seglerverbände nicht qualifiziert hat, nicht zugestimmt habe, fordere ich Sie als den Leiter des Mannschaftsteils der Bundesrepublik Deutschland auf, den Sportler Kuhweide von den Wettkämpfen zurückzuziehen. Da in der Angelegenheit Eile geboten ist, erwarte ich von Ihnen bis morgen früh den 13. Oktober 1964 9 Uhr entsprechende Maßnahmen.«

Daume ließ nichts von sich hören!

1965

Mit Diplomatenausweis Fahne abgerissen

Drei Jahre hatten die Visaverweigerungen die DDR von den Weltmeisterschaften ausgeschlossen. Als sich Spanien um die Weltmeisterschaft bewarb, verlangte die UCI, dass Spanien versichern müsse, der DDR Visa zu erteilen. Die Spanier sagten zu, erteilten auch die Visa, aber als der UCI-Kongress eröffnet wurde, intervenierte Bonn erneut. Die Spanier, von Bonn durch eine diplomatische Note ernsthaft bedroht, luden in ihrer Not zu einer Beratung und verkündeten dort folgende Entscheidung der Regierung: Die Weltmeisterschaften finden ohne Hymnen und ohne Flaggen statt!

Das bewahrte die BRD davor, schon zum Auftakt das Hissen der DDR-Flagge erleben zu müssen: Die DDR-Straßenfahrerin Elisabeth Eichholz holte sich den Titel bei den Frauen! Bei den Männern kam es zu einer Sprintmassenankunft, bei der Bernd Knispel 17. wurde.

Die scharenweise von Madrid nach San Sebastian kommandierten BRD-Diplomaten hatten die Wand in einer der vielen Kojen des Organisationsbüros kontrolliert, weil dort eine Wand mit den Flaggen der teilnehmenden Länder dekoriert worden war. Aufgrund der bundesdeutschen Intervention fehlte dort die Flagge der DDR. Die Spanier behaupteten, dass dies nur geschehen war, weil man keine DDR-Flagge zur Hand hatte. Als das publik wurde, machten sich die DDR-Bahnfahrerinnen mit Nadel und Faden an die Arbeit, und am nächsten Abend war die Flaggenwand komplett. Zwei Tage später war DDR-Flagge wieder verschwunden. Die entnervten Spanier entschuldigten sich und ließen die DDR-Mannschaft wissen, dass ein bundesdeutscher Diplomat sie unter Vorweisen seines Diplomatenausweises abgerissen hatte.

»Liebe« Krankenhausbesucher

Das traditionelle UEFA-Junioren-Turnier fand diesmal in der Bundesrepublik statt. Im Viertelfinale traf die DDR auf die Niederlande. Bei einem unglücklichen Zusammenprall verletzte sich Manfred L. so schwer, dass er ins Krankenhaus in Rheydt eingeliefert werden musste. In einem örtlichen Zeitungsbericht (10. Mai 1965) las man: »Die Ärzte im Städtischen Krankenhaus zu Rheydt hatten unbedingte Bettruhe angeordnet. Der Karl-Marx-Städter Flügelstürmer der siegreichen DDR-Juniorenvertretung hat in den zwei Wochen seines Krankenhausaufenthaltes« einiges erlebt. »Das Zimmer Nr. 12 der chirurgischen Abteilung war das Ziel zwielichtiger ›Krankenhausbesucher‹. So meldete sich ein ›Fußballfreund‹ am Bett und erklärte, dass er im Auftrage des 1. FC Kaiserslautern gekommen sei, weil der Bundesligaverein einen talentierten Außenstürmer suche und dass L. eine ›sichere Zukunft‹ garantiert sei, wenn er in Westdeutschland bliebe.« Auch ein Herr Sander forderte ihn pausenlos auf, in der BRD zu bleiben. Die *Rheinische Post* meldete: »Beim Ostzonenfußballer L. reißt der Besucherstrom nicht ab.«

Soweit ich weiß, trifft man L. heute noch in Sachsen ...

Die Großoffensive

Der jährliche IOC-Kongress war nach Madrid vergeben worden. Für Bonn eine extrem wichtige Tagung, denn einmal mehr stand die Anerkennung der DDR auf der Tagesordnung und die Stimmung für die Ablehnung schien nachgelassen zu haben. Man hatte man sich entschlossen, die Lage im Vorfeld zu analysieren und forderte die Botschafter in aller Welt auf, durch unverbindliche Gespräche mit den IOC-Mitgliedern die Lage zu erforschen. Allerdings sollte vermieden werden, den betreffenden Persönlichkeiten etwa schriftlich Fragen zu stellen. Es sollte so ermittelt werden, mit welchem Abstimmungsergebnis zu rechnen war. Dass man damit die Olympische Charta der völligen Unabhängigkeit der IOC-Mitglieder von den Regierungen ihrer Länder verletzte, störte Bonn nicht.

Dem Autor lag das Dokument des Auswärtigen Amtes IV Band 1618/IV 5-86-10/1 vor, das die Ergebnisse der Umfrage beweist enthielt: »Bonn, den 30. September 1965 – Hiermit legt Abteilung IV dem Herrn Staatssekretär eine Liste der IOC Mitglieder mit einer kurzen Zusammenfassung ihrer Haltung, wie sie sich aus der Berichterstattung unserer Auslandsvertretungen ergibt, sowie eine Namensliste mit dem vermutlichen Verhalten bei der Abstimmung über die gesamtdeutsche Mannschaft mit der Bitte um Kenntnisnahme vor.

Das Bundesministerium des Innern, das Bundesministerium für gesamtdeutsche Fragen, das Presse und Informationsamt der Bundesregierung sowie Herr Daume, das Sekretariat des Nationalen Olympischen Komitees für Deutschland und Referat II A 1 erhalten die Listen gleichfalls. (...) Haltung der nichtkommunistischen IOC-Mitglieder in der Frage der gesamtdeutschen Olympia-Mannschaft aufgrund der Berichterstattung unserer Auslandsvertretungen.

Argentinien

Mario L. Negri's Haltung ist unverändert positiv in unserem Sinne. Er will seine Argumente gegen zwei deutsche Mannschaften dem IOC noch schriftlich vorlegen.

Australien

Hugh Weir will für Beibehaltung des jetzigen Zustandes stimmen. Lewis Luxton kann nicht nach Madrid reisen.

Belgien

Prinz Alexandre de Mérode wird für Beibehaltung gesamtdeutscher Mannschaft stimmen.

Brasilien
Jean Havelange und Major Silvio Magalhaes Padilha wollen sich für uns einsetzen.

Chile
Dr. A. Rivera Bascur wird für uns stimmen.

Dänemark
Ivar Emil Vind ist nicht von der Botschaft aufgesucht worden, da ein derartiger Schritt angesichts der dänischen Empfindlichkeit unerwünschte Reaktionen hätte hervorrufen können. Vind ist dagegen vom dänischen Außenministerium davon unterrichtet worden, dass die dänische Auffassung über die gesamtdeutsche Mannschaft sich mit unserer decke.

Finnland
Erik von Frenckell erklärte, unserem Standpunkt aufgeschlossen gegenüber zu stehen. Gab zu erkennen, dass er sich in Madrid wahrscheinlich nicht exponieren, sondern mit der Mehrheit stimmen werde. J.W. Rangell wurde von unserer Handelsvertretung nicht aufgesucht, da er bereits im Vorjahre sein Desinteresse an der Frage deutlich zum Ausdruck gebracht hat.

Frankreich
Francois Piétri, Armand Massard und Comte de Beaumont sind von der Botschaft über das französische Außenministerium um Unterstützung unseres Standpunktes gebeten worden. Sie werden uns nach Ansicht des Quai d'Orsay wie bisher unterstützen.

Griechenland

Admiral Lappas als designiertes neues griechisches IOC Mitglied versicherte, König Konstantin und er seien gegen eine Änderung des gegenwärtigen Zustandes.

Großbritannien

Der Marquess of Exeter war nicht umzustimmen. Er will jedoch auf der Tagung in Madrid nicht mit Anträgen hervortreten. Lord Luke erklärte, er sei persönlich für die Erhaltung der gesamtdeutschen Mannschaft.

Kanada

A.Sidney Dawes kannte und interessierte sich für das Problem nur wenig. Er brachte zum Ausdruck, dass man es im IOC wegen der Form der deutschen Beteiligung an den olympischen Spielen nicht zum Bruch mit der Sowjetunion kommen lassen dürfe.

Kolumbien

Julio Gerlein Comelin will sich mit Nachdruck für uns einsetzen.

Indien

D. Sondhi und Raja Bhalindra Singh sind beide eindeutig für die gesamtdeutsche Mannschaft, werden aber nicht an der Tagung teilnehmen.

Iran

Iranisches Außenministerium hat Einwirkung auf Prinz Gholam Reza Pahlawi in unserem Sinn zugesagt. Dieser selbst konnte von der Botschaft nicht erreicht werden, da er sich auf Europa Urlaub befindet. Iranisches Außenministerium hat jedoch versichert, der Prinz kenne die Problematik und werde den deutschen Standpunkt vertreten.

Irland
Lord Killanin will unseren Standpunkt in Madrid unterstützen. Er hält den Ausgang wegen des Einflusses des Marquess of Exeter jedoch für ungewiss.

Island
Benedikt G. Waage bezeichnete den Appell von Brundage auch als seine Linie, legte sich jedoch nicht fest. Offenbar findet vor der Abstimmung noch eine nordische Regionalabsprache statt, wobei allerdings nach Ansicht der Botschaft Reykjavik die NATO-Solidarität beachtet werden soll.

Italien
Giulio Onesti erklärte, auch für de Stefani, er habe volles Verständnis für unseren Standpunkt. Botschafter gewann den Eindruck, dass beide bereit seien, sich für die gesamtdeutsche Mannschaft auszusprechen.

Japan
Dr. Takaishi kann krankheitshalber nicht nach Madrid reisen. Dr. Ryotaro Azuma bejaht die gesamtdeutsche Mannschaft vorbehaltlos.

Kenia
Reginald Stanley Alexander nahm Demarche der Botschaft wohlwollend auf, ohne sich endgültig festzulegen.

Korea
Das koreanische Außenministerium hat volle Unterstüt-

zung unseres Standpunktes zugesagt. Botschaft wird mit Sang Beck Lee kurz vor seinem Abflug nach Madrid sprechen. Ein »Ja« kann erwartet werden.

Libanon
Cheik Gabriel Gemayel wird auch weiterhin für die gesamtdeutsche Mannschaft eintreten.

Liechtenstein
Der regierende Fürst von Liechtenstein konnte erst am 27. September aufgesucht werden. Bericht liegt noch nicht vor.

Luxemburg
Großherzog Jean wird an der Sitzung teilnehmen. Im Außenministerium fand Botschaft volles Verständnis für unseren Standpunkt. Ein »Ja« kann erwartet werden.

Marokko
Mohammed Benjelloun hat sich in einem Brief an unseren Konsul in Casablanca nicht klar geäußert. Der marokkanische Erziehungsminister hat der Botschaft gegenüber erklärt, Benjelloun instruiert zu haben, in unserem Sinne für die Beibehaltung des jetzigen Zustandes einzutreten.

Mexiko
Marte R. Gomez und General Jose de Clark haben sich beide eindeutig für uns ausgesprochen.

Nigeria
Sir A. Ademola glaubt, dass sich in Madrid nichts an der gesamtdeutschen Mannschaft ändern werde. Er ließ durchblicken, dass er mit dem Marquess of Exeter befreundet

sei. Legte sich nicht fest, erklärte sich aber bereit, unsere Argumente unvoreingenommen zu prüfen und sich an Ort und Stelle zu entscheiden.

Neuseeland
Sir Arthur Porritt reist nicht nach Madrid.

Niederlande
Jonkheer Herman A. van Karnebeek hat gegenüber dem niederländischen Außenministerium Unterstützung unseres Standpunktes zugesagt.

Norwegen
O. Ditlev Simonsen Jr. will ohne Vorbehalt für eine gemeinsame deutsche Mannschaft eintreten.

Österreich
Ing. Dr. h.c. Manfred Mautner Ritter von Markhof reist nicht nach Madrid.

Pakistan
Syed Wajid Ali reist nicht nach Madrid.

Panama
Das panamaische Außenministerium hat Dr. Agustin Sosa angewiesen, sich für die Beibehaltung der gesamtdeutschen Mannschaft einzusetzen.

Peru
Eduardo Dibos hat zugesagt, für uns zu stimmen.

Philippinen
Jorge Vargas wird vom philippinischen Außenministerium

»entsprechend« instruiert. Seine positive Stellungnahme dürfte uns sicher sein.

Portugal
Das portugiesische Außenministerium hat zugesichert, auf General Raoul Pereira de Castro einzuwirken, dass er gegen die volle Anerkennung des NOK der SBZ stimme.

Schweden
Bo Eklund und Lt. General Gustav Dyrssen wollten sich nicht festlegen. Offenbar wollen sie sich erst in Madrid über die allgemeine Stimmung unterrichten. Ekelund will sich im SBZ Fernsehen für die gesamtdeutsche Mannschaft ausgesprochen haben.

Schweiz
Major Albert Mayer ist wiederholten Bitten der Botschaft um eine Unterredung ausgewichen. »Nein« wahrscheinlich. Marc Hodler will nicht für zwei Mannschaften stimmen, falls dann Spalterfahne gezeigt und Becherhymne gespielt würde. Sucht nach rechtlichen Argumenten für unseren Standpunkt.

Spanien
Baron de Guell hat sich unzweideutig auf deutschen Standpunkt festgelegt.

Südafrika
Reginald Honey wird das tun, »was sein Freund Daume von ihm will«.

Türkei
Türkisches Außenministerium hat jede Unterstützung zu-

gesagt. Über Gespräch der Botschaft mit Suat Erler liegt noch kein Bericht vor. Dürfte mit »ja« stimmen.

Uruguay
Dr. Alfredo Inciarte wird sich in Madrid für den Fortbestand der gesamtdeutschen Mannschaft einsetzen. Er glaubt, dass die Entscheidung möglicherweise wiederum verschoben wird.

Venezuela
Dr. Julio Bustamante versprach, den deutschen Standpunkt in Madrid zu unterstützen. Er will sich in Madrid mit dem NOK für Deutschland absprechen.

Vereinigte Staaten von Amerika
Avery Brundage, John-Jewett Garland und Douglas F. Roby sind eindeutig für uns. Brundage stimmt als Präsident nur bei Stimmengleichheit ab.

Der unterlaufene Fehler

Bonn war also angesichts der Umfrage guter Dinge. Inzwischen hatte man zudem die »höchste Karte« gezogen, sich mit Erfolg um die Olympischen Spiele des Jahres 1972 beworben und glaubte damit sicher zu sein, dass man der Bundesrepublik nicht zumuten würde, an der Isar die »Eisbecher-Hymne« spielen zu müssen und somit das Problem mindestens bis ins Jahr 1972 hinausgeschoben zu haben. Indes: Man hatte einen minimalen Fehler mit kapitalen Folgen begangen.

Wie die »Panne« entstand lässt sich nicht mit zwei Worten beschreiben. Das schon mehrmals erwähnte damalige Schweizer IOC-Mitglied Albert Mayer, Bürgermeister von Montreux, zudem ranghoher Armee-Offizier, war mit einer Griechin verheiratet, deren Familie von deutschen Soldaten ermordet worden war. Begegnete sie einem Deutschen, pflegte sie ihn – verständlich – zu fragen, ob er Armeeangehöriger in Hitlers Armee gewesen sei. Ahnungslos beantworteten die meisten das und viele räumten auch ein, die Wehrmachtsuniform getragen zu haben. Die erlebten, dass sie sich schweigend umwandte und mit dem Betreffenden kein Wort mehr wechselte. Die Haltung seiner Frau respektierend, reagierte er ähnlich. Ich hatte bei unserer ersten Begegnung guten Gewissens mit Nein geantwortet und wurde von der Familie fortan toleriert. So war auch zu erklären, warum Mayer auf die telefonischen Einladungen des in Bern residierenden bundesdeutschen Botschafters überhaupt nicht reagierte. Statt sich an seine Order zu halten und Mayer persönlich aufzusuchen, schrieb er ihm einen Brief, und da er selbst die Materie nicht übersah, mangelte es dem Brief zwar nicht an Höflichkeit, aber an der nötigen Zurückhaltung. Die Bonner Erwartungen waren ziemlich deutlich zum Ausdruck gebracht.

Als Mayer in Madrid eintraf, war ich zufällig einer der ersten, der ihm begegnete. Man hatte das IOC am Nachmittag vor dem Auftakt des Kongresses in ein Jungstiertrainingszentrum eingeladen, wo der Stier-»Nachwuchs« auf den »Degentod« vorbereitet wurde und sich interessierte IOC-Mitglieder mit einem hölzernen »Schwert« als »Stierkämpfer« der Anfängerklasse betätigen konnten.

Albert Mayer aber winkte mich unter die die Arena umrundenden Olivenbäume, verpflichtete mich, Stillschweigen zu bewahren und erzählte mir dann, dass er ein Schreiben des Botschafters in seinem Briefkasten gefunden hatte, in dem ihm ziemlich präzise mitgeteilt worden war, was die Bundesregierung von ihm erwarte.

Er prophezeite nicht ohne eine gewisse Vorfreude, dass sein Auftritt vor dem IOC wohl für Furore sorgen würde. Seine Frau, die in diesem Augenblick dazu trat, fügte hinzu: »Noch ist es nicht wieder so weit, dass die Deutschen Europa kommandieren!«

Als IOC-Präsident Brundage am nächsten Morgen den Tagesordnungspunkt »DDR« aufrief, meldete sich der Schweizer als Erster zu Wort, zog den Brief aus der Tasche und las ihn vor. Die Wirkung war schockierend. Brundage unterbrach die Sitzung. Daume hoffte, sich durch ein Rechtsgutachten juristisch retten zu können. Autor: Prof. Dr. Karl Doehring, Wissenschaftliches Mitglied des Max-Planck-Instituts für Völkerrecht Heidelberg. Titel: *Die gesamtdeutsche Olympiamannschaft als Rechtssache*. Schlusssatz: »Es bestehen daher ein Anspruch des IOC und des NOK für Deutschland auf Fortführung der Vereinbarungen zur Bildung einer gesamtdeutschen Mannschaft und eine rechtliche Verpflichtung des NOK der DDR zu dieser Fortführung.« Doch auch der Versuch, den IOC-Mitgliedern Nachhilfeunterricht in Völkerrecht zu erteilen, misslang.

Der sich durch Bonns Diplomaten-Aktion brüskiert fühlende Brundage winkte ab, als Daume das Dokument verteilen lassen wollte. Entnervt präsentierte Daume nun einen Mann, den er für seinen letzten Joker hielt: Werner Scharch. Der bis 1960 als Präsident des Radsportverbandes der DDR Tätige wollte über die angeblich unzulässige Finanzierung des DDR-Sports Auskunft geben. Brundage lehnte es ab, ihn überhaupt den Saal betreten zu lassen und wies Daume zurecht: »Nicht auch noch Achtgroschenjungens im IOC!«

Von Daume in der folgenden Pause beschworen, wenigstens zu verhindern, dass ausgerechnet bei den Olympischen Spielen 1972 in München zum ersten Mal die Flagge der DDR gehisst und deren Hymne gespielt würde – das ferne Mexiko 1968 störte ihn weniger – ließ Brundage die Debatte über die Anerkennung des NOK der DDR fortsetzen. Er rettete die Abstimmung sogar in den nächsten Tag, aber die Würfel waren längst gefallen. Mit 52:7 Stimmen entschied das IOC, die DDR künftig mit eigener Mannschaft starten zu lassen. Um Bonn eine Schonfrist zu bieten, wurde beschlossen, dass die beiden deutschen Mannschaften in Mexiko-Stadt noch unter einer Flagge marschieren, in München aber das erste Mal Hammer und Zirkel gehisst würden.

Regierung alarmiert

Die Abstimmung in Madrid löste in Bonn Alarm aus: (Auswärtiges Amt IV Band 1618/IV 5-86-0/1): »Bei der Besprechung, an der der Präsident des Nationalen Olympischen Komitees und des Deutschen Sportbundes, Herr Daume, teilnahm, waren zugegen; Bundesministerium des Innern: Staatssekretär Dr. Schäfer, Ministerialrat Dr. von Hovora, Regierungsrat Höfling; Bundeskanzleramt: Ministerialdirektor Dr. Mercker; Auswärtiges Amt: Staatssekretär Lahr, Vortr. Legationsrat Dr. Dvorak; Bundesministerium für gesamtdeutsche Fragen: Ministerialdirektor Dr. Müller, Ministerialrat Dr. von Dellingshausen; Presse und Informationsamt der Bundesregierung Ministerialdirigent Niebel. (...)

Staatssekretär Lahr betonte, man müsse sich im Kreise der Veranwortlichen darüber klar sein, dass der IOC Beschluss eine große Niederlage für unsere gesamtdeutschen Bemühungen, ja ein böser Rückschlag gewesen sei, auch wenn dies in der Öffentlichkeit aus Gründen der Zweckmäßigkeit vielleicht nicht überall herausgestellt würde. (...) Präsident Daume wies ferner darauf hin, dass die SBZ die Aufhebung des Beschlusses des Bundesgerichtshofs verlange, der jedes Mitglied des Deutschen Turn und Sportbundes der Zone beim Betreten der Bundesrepublik ›zum Freiwild‹ mache.«

1966

Höchstpreise für DDR-Embleme

Bonn ging davon aus, dass ungeachtet jener IOC-Entscheidung das Verbot von Flagge und Hymne gesetzlich gültig blieben. Also setzten sich auch die Skandale fort.

1966 fanden die alljährlichen Biathlon-Weltmeisterschaften in Garmisch-Partenkirchen statt. Dass allein der Schauplatz in der BRD Alarm auslöste, verriet als erstes die schon Wochen vor dem Auftakt verbreitete Nachricht, der bereits gekürte »Schirmherr« aus Bonn, Innenminister Lücke, habe seine Schirmherrschaft zurückgezogen. Schon deswegen ungewöhnlich, dieweil man in der Regel Schirmherren rechtzeitig fragt, ob sie auch wirklich Lust haben, den »Schirm« zu schwenken. Man hatte sich inzwischen allerdings daran gewöhnt, dass in Fragen, die den Sport der DDR tangierten, in Bonn keine Regeln galten.

Diesmal hatte dem Minister einer seiner Beamten signalisiert, dass nicht nur auf den Dress der DDR-Athleten das verbotene DDR-Symbol genäht worden war – wie auf allen Nationaltrikots – sondern der zuständige Kampfrichter beim Start zum Training die beiden Mannschaft mit »Deutschland (Ost)« und »Deutschland (West)« aufgerufen hatte. Das erschien Bonn unzulässige Politik und dem Minister hinreichender Grund zurückzutreten. Als erstes legte Lücke bei Daume Beschwerde ein und der kommandierte den Präsidenten des Skiverbandes, Dr. Heine zum Rapport. Dabei kam jedoch nichts heraus, weil man in den bundesdeutschen Sportbünden längst eine Variante gefunden hatte, wie man dem jede Woche irgendwo auftauchenden Problem beikommen konnte: Man überredete die zuständige internationale Föderation, eine »Variante« zu finden und beklagte sich dann in Bonn, dass man international »gebunden« sei.

Daume hatte dieses Spiel schon bald durchschaut und kommandierte seine Experten an die Brennpunkte, um dort mit den internationalen Funktionären das Problem aus der Welt zu schaffen.

Das misslang in diesem Fall, weil der Präsident des Internationalen Biathlonverbandes, der schwedische General Thofelt, noch gar nicht eingetroffen war. Die Szene hatte wieder mal Symptome einer Posse: Am einen Ende des Bahnsteigs warteten die Repräsentanten des Bonner Regimes am anderen die Organisatoren der Weltmeisterschaft und die DDR-Mannschaftsleitung.

Thofelt stieg ahnungslos und guter Dinge aus dem Zug. 20 Minuten später saß er in einem Sessel der Gaststätte am Schießstadion und sah sich von einer Schar auf ihn Einredender umringt.

Polizei-Amtmann Dietrich erklärte dem schwedischen General, dass er jeden Aktiven der DDR verhaften und »sicherstellen« müsste, sobald er mit dem DDR-Emblem auf dem Oberarm angetroffen würde.

Der General hatte zunächst Mühe zu begreifen, worum es überhaupt ging. Kein Schwede würde je ohne das gelbe Kreuz auf blauem Grund irgendwo an den Start gehen. Allerdings begriff er schnell, dass es sich um höchste Politik handelte, die auch ein schwedischer General nicht außer Kraft setzen konnte.

Daraufhin wandte er sich an den Generalsekretär des nach den Regeln unabhängigen Nationalen Olympischen Komitees der BRD, Walter Tröger, aber auch der hob hilflos die Schultern. Jemand empfahl sogar, den WM-Dress der DDR mit den Gesetzen zu vergleichen, die in der Bundesrepublik für Homosexuelle galten, was man dem General dreimal übersetzen musste, ehe er es irritiert zur Kenntnis nahm.

Offensichtlich hatte sich jedoch inzwischen auch Bonn überzeugen lassen müssen, dass man als Hausherr einer Weltmeisterschaft nicht wie ein Hausbesitzer schalten und walten konnte. Man akzeptierte heimlich still und leise die offiziellen Bezeichnungen der Föderation: Deutschland (Ost) und Deutschland (West).

Doch eskalierte die Lage weiter. Dietrich zwang die DDR-Nationalmannschaft – wieder mit Waffen drohend – wegen der Embleme die Trainingsstätte zu verlassen. Der Präsident des Deutschen Sportverbandes Moderner Fünfkampf, Professor Dr. Fred Müller, Mitglied des Verwaltungsrates der Internationalen Föderation UIPM, beantragte, die Weltmeisterschaften zu annullieren. Dem am nächsten Morgen tagenden Kongress der UIPM lag ein von bundesdeutscher Seite eingebrachter Antrag vor, die für das kommende Jahr nach Altenberg (DDR) vergebene Weltmeisterschaft an ein anderes Land zu vergeben. Der Antrag scheiterte. Das war der Augenblick, an dem General Thofelt das Wort ergriff, mit deutlichen Worten gegen diesen Antrag plädierte und zu seinen Gründen auch die erst wenige Monate zurückliegenden erfolgreichen Fünfkampf-Weltmeisterschaften in Leipzig aufführte.

Die für Mittag anberaumte Pressekonferenz begann am späten Abend. Ihr Fazit lautete: Die DDR-Mannschaft würde mit Polizeigewalt am Start gehindert werden. Sie trat daraufhin die Heimreise an. (Der Skandal war inzwischen in einem Maße an die Öffentlichkeit gedrungen, dass in den Orten, in denen die Mannschaft auf der Rückfahrt übernachtete, Schlangen von Interessenten bereit waren, stattliche Summen für ein DDR-Emblem zu bezahlen ...)

Richter fürchten: Ungeheuerlich!

In zwei bisher zunächst nicht veröffentlichten Entscheidungen des Bundesgerichtshofes gegen die Zonensportler Otto Göschel und Karl-Horst Ellermann war der DTSB einmal mehr zur verfassungsfeindlichen Organisation erklärt worden. Göschel und Ellermann blieben allerdings auf freiem Fuß, denn sie befanden sich, als der Bundesgerichtshof seine Entscheidungen traf, in der DDR.

Max Güde, ehemaliger Generalbundesanwalt erklärte: »Zwei Tage lang habe ich gerade mit einem führenden Karlsruher Juristen überlegt, welche strafrechtlichen Konsequenzen der gesamtdeutsche Sportverkehr wohl haben mag. Die Staatsschutzbestimmungen unseres Strafgesetzbuches geben da eine reiche Auswahl.«

Güdes Befürchtung: »Man stelle sich nur vor, dass auf einen Wink der Verfassungsschützer irgendein Staatsanwalt einen führenden Sportfunktionär oder einen Spitzenathleten der Zone bei einem Wettkampf in der Bundesrepublik verhaften lässt. Ganz gleich, ob man später den Mann wieder laufen lässt oder nicht: Die Folgen wären ungeheuerlich.«

»Tonstörung« bei der Hymne ...

Als bei den Leichtathletik-Europameisterschaften in Budapest die DDR-Flagge gehisst worden war, gab Bonn seiner Mannschaft strikte Order, augenblicklich abzureisen. Nach endlosen Telefonkonferenzen entschloss sich der DLV-Präsident Dr. Danz die Weisung aus Bonn zu ignorieren. Die bundesdeutschen Medien attackierten wiederum den Präsidenten des Leichtathletik-Weltverbandes, Marquess of Exeter: »Der internationale Leichtathletik-Verband unter Leitung des querköpfigen Engländers, des Marquess of Exeter, stand offensichtlich unter so hartem politischen Druck, dass er eine Lösung gebar, die hart an der Grenze der Schizophrenie liegt ...«

Bonn nahm es sehr übel, dass Dr. Danz den Abreise-Befehl nicht befolgt hatte. *Bild* Hamburg: »In den letzten Wochen haben der Bundespräsident und der Bundeskanzler meistens auch der Bundesinnenminister jede der sportlichen Gelegenheiten genutzt, Sportlern der Bundesrepublik zu internationalen Erfolgen zu gratulieren. Seltsamerweise konnte aber keiner der in Budapest recht erfolgreichen Leichtathleten – sie gewannen immerhin 21 Medaillen – auf ein Telegramm aus Bonn weisen.

Wir fragten DLV-Präsidenten Dr. Danz. Der hörte sich in der Geschäftsstelle des DLV um, weil er an ein Versehen glaubte. Und er fragte auch in Bonn nach. Da erhielt er die Antwort; man habe absichtlich die Leichtathleten übergangen. Der Grund: Die Mannschaft des DLV war nicht protestierend aus Budapest abgereist, weil dort die Zone zwar als ›Ost-Deutschland‹, aber mit eigener Fahne und Hymne startete ...« *Die Welt*, Hamburg: »Allmählich wenden sich alle Augen der Olympiade 1972 in München zu; auch für den Abschalt-Sport.« [Das westdeutsche Fernsehen hatte bei der Diskus-Siegerehrung in Budapest – drei Medaillen für die DDR – abgeschaltet und die Fernsehzuschauer mit einer Tafel »Tonstörung« belogen; Anm.d.A.]

Paulen ließ sich nicht erpressen

In Budapest beantwortete der Europapräsident des Leichtathletikverbandes, der Niederländer Adrian Paulen, mir folgende Fragen: »Standen Sie unter politischem Druck, als Sie sich entschlossen, für die DDR-Flagge zu stimmen?«

Der frühere Bergwerksingenieur blitzte mich hinter seiner randlosen Brille an. »Wie Druck? Welcher Druck?«

Ich wiederholte die Frage. Dann verstand er und wurde energisch: »Das ist eine dumme Lüge. Ich stand nie unter Druck, und ich hätte nie einem Druck nachgegeben. Schreiben Sie: Ich habe diese Entscheidung getroffen – und ich bin sicher, die anderen auch –, weil ich sie für die einzig richtige halte.« (*Neues Deutschland*, 8. September 1966)

Bei Daume klingelte das Telefon

Der Spiegel (31/1966) meldete aus Budapest: »Gegen 15 Uhr klingelte am letzten Mittwoch bei dem Dortmunder Eisengießer Willi Daume das Telephon. Am Apparat war Professor Werner Ernst, Staatssekretär im Bundesinnenministerium. Er verscheuchte Daumes gute Laune.

Der Staatssekretär behelligte den Präsidenten des Deutschen Sportbundes und des Nationalen Olympischen Komitees mit dem leidigsten Hick-Hack in der Geschichte des Sports seit Ende des Zweiten Weltkrieges – dem alle Jahre wiederkehrenden Hader um Hymnen, Flaggentuch und Wappenzeichen.«

Schlimmes war nach Ansicht der Bundesregierung im Nep-Stadion zu Budapest geschehen. Dort starteten – mit Genehmigung des Internationalen Leichtathletik-Verbandes (IAAF) – zum ersten Mal bei einer Leichtathletik-Europameisterschaft die Athleten der DDR unter eigener Flagge und eigenem Hammer- und- Zirkel-Emblem. Für ihre Sieger wurde Ulbrichts Becher-Hymne gespielt.

Professor Ernst ersuchte den deutschen Sport-Chef im Auftrage der Bundesregierung, bei der IAAF in Budapest zu protestieren. Falls der Protest erfolglos bleibe, so empfahl Ernst, möge die deutsche Sportführung Konsequenzen ziehen und ihre Athleten nach Hause schicken. Daume kühl: »Ich nehme diese Bitte zur Kenntnis.«

Am nächsten Morgen wünschten ostdeutsche Sportler ihren westdeutschen Kameraden bereits ›gute Reise‹. Doch nichts lag den westdeutschen Sportlern ferner als eine vorzeitige Heimreise. Noch in der Nacht zum Donnerstag hatte Daume den westdeutschen Leichtathletik-Präses Dr. Max Danz in Budapest informiert. Die beiden Sport-Chefs waren sich einig: Sie wollten den Bonner Protest an die IAAF weiterreichen, jedoch keinesfalls Konsequenzen ziehen, die im Widerspruch zur Realität stehen würden und daher gerade den Veranstaltern der Olympischen Spiele 1972 in München übel vermerkt werden könnten.

Zwar hatte die IAAF, die den Protest erwartungsgemäß verwarf, ihre Wettkämpfe zu Budapest ursprünglich nach einem 1965 in Madrid gefassten Olympia-Protokoll abhalten wollen. Nach dieser Regelung sollten in Budapest beide deutsche Mannschaften wie bei Olympischen Spielen unter Olympia-Fahne und mit Beethoven-Hymne starten. Da jedoch die DDR in Ungarn diplomatisch anerkannt ist, gestattete ihr die IAAF – wie auch den Westdeutschen – eigene Tücher und Töne.

Damit hat sich die IAAF zumindest für den Ostblockbereich den übrigen Sportverbänden (Ausnahme: Rudern) angepasst, bei deren Wettkämpfen außer in den Nato-Ländern seit Jahren die Spalterflagge wehen darf. Selbst die Nato-Front vermochte Ulbrichts Sport-Funktionäre nicht aufzuweichen: Als DDR-Schwimmer mit dem Spalter-Wappen bei den Europameisterschaften in Holland antraten, protestierte Bonn vergebens.

Daume: »Wie soll ich denn in Budapest erreichen, was Bonn nicht mal beim Nato-Partner Holland durchsetzen kann?«

DDR-Segler erzwangen Start

Anfang September sollten auf dem österreichischen Attersee die Europameisterschaften im Finn-Segeln stattfinden. Eine Woche zuvor wollte man den Pokal der Attersee-Woche austragen, aber nach der ersten Wettfahrt schaltete sich die Bonner Botschaft aus Wien ein und behauptete, es gelte auch in Österreich eine Bestimmung, wonach die DDR-Flagge nicht gehisst werden dürfe. Die Veranstalter ließen wissen, dass die Bonner Botschaft auf den Verzicht der Flagge bestünde. Die DDR-Segler Bernd Dehmel, Jürgen Mier, Herbert Raben und Peter Lippert verzichteten auf den Start zur dritten Wettfahrt und zogen ihre Teilnahmemeldung für die Europameisterschaften zurück. Die Internationale Föderation (IFA) war nicht bereit, den Startverzicht zu akzeptieren, ließ die Bonner Botschaft auf Umwegen wissen, dass in Österreich kein Flaggenverbot besteht, und lud die DDR-Segler ein zweites Mal ein, an den Titelkämpfen teilzunehmen. Bernd Dehmel hatte im Jahr zuvor den Goldpokal gewonnen – und kam dabei auf den neunten Rang.

»Sport treibt Sport und die Regierung Politik«

Zehn Jahre nach den in der Bundesrepublik damals nicht sonderlich ernst genommenen Duellen mit DDR-Mannschaften – auch nicht sonderlich ernst genommen, weil man in Bonn sicher war, bei diesen Auftritten fast immer erfolgreich zu sein und demzufolge in den Olympiamannschaften die Mehrheit zu stellen und die Medaillen zu holen – hatte sich Bonn im Sport durch seinen Anti-DDR-Feldzug zunehmend unbeliebt gemacht. Dem mühte man sich mit Geschwätz über den angeblich in der DDR politisierten Sport zu begegnen, was an Wirkung zunehmend verlor. Die anschließend zitierten Akten des Auswärtigen Amtes liefern ein Kapitel Zwischenbilanz. Politische Intrigen und verweigerte Visa sollten damals die sportlichen Niederlagen wettmachen, aber auch das erwies sich schon bald als wenig wirksam. Man konnte Polizei an den Schanzen aufmarschieren lassen, musste sich aber zunehmend sportlich als isoliert betrachten, was immer mehr Politiker in die Arena rief.

Brief des Staatssekretärs im Auswärtigen Amt, Lahr, an das Bundesministerium des Innern: »Die zunehmenden Erfolge des Zonensports in der Flaggen-, Hymnen- und Emblemfrage im internationalen Sportbetrieb beruhen vor allem auf der rücksichtslosen Anwendung der Drohung, an den Veranstaltungen nicht teilzunehmen oder wieder abzureisen, wenn nicht seinen Forderungen entsprechend verfahren wird. (…) Um weitere Erfolge der SBZ aufzuhalten, genügen die bisherigen Methoden des rein verbal hinhaltenden Widerstandes nicht mehr. (…) Die Bundesregierung müßte deswegen dem Sport klarmachen, dass die Flaggen-, Hymnen-Emblem und Bezeichnungsfrage nicht durch diplomatische Interventionen allein zu unseren Gunsten entschieden werden kann, sondern auch und vor allem durch einen kämpferischen Einsatz des Sports selbst in den internationalen Gremien des Sports und in der Praxis des internationalen Sportbetriebs. (…) Das Auswärtige Amt verkennt nicht die Schwierigkeiten, die Sportführung und die Sportorganisationen der Bundesrepublik Deutschland für eine solche Kampfesweise zu gewinnen. Sie werden

1) darauf hinweisen, dass dann der deutsche Sport möglicherweise international nur durch die Zonensportler vertreten würde und

2) vor allem Rückwirkungen auf die römische IOC-Entscheidung zugunsten Münchens für die übernächsten Olympischen Spiele befürchten. (…)

Zu 2) ist zu sagen, dass gerade seit der römischen IOC-Entscheidung ein verstärkter und rücksichtsloserer Kampf der SBZ-Funktionäre festgestellt wird, dessen Ziel es ist, bis zu den Olympischen Spielen in München, und womöglich noch früher im gesamten internationalen Sportbereich, Fahne, Hymne, Emblem und politische Bezeichnung der SBZ durchgesetzt zu haben, um dann auf dem Boden der Bundesrepublik Deutschland die Zweistaatlichkeit Deutschlands vor der ganzen Welt zu demonstrieren. Ausgerechnet die Olympischen Spiele in München würden dann zur Gelegenheit eines entscheidenden internationalen Durchbruchs der sogenannten ›DDR‹. Einer solchen Möglichkeit muss mit aller Energie entgegengewirkt werden.«

München absagen?

»Betr.: Sitzung im Bundeskanzleramt über Fragen der gesamtdeutschen Sportmannschaft; hier: Fahnen, Hymnen und Embleme

An der heutigen Besprechung nahmen unter dem zeitweiligen Vorsitz des Herrn Bundeskanzlers teil: Minister Lücke, Vizekanzler Dr. Mende, Minister Dr. Gradl, Staatssekretär Lahr, Staatssekretär Schäfer, Staatssekretär Krautwig, Staatssekretär von Hase, W. Daume, Dr. Wülfing, Dr. Danz, Minister Weyer, Herr Kunze, Herr Gieseler

Minister Lücke eröffnete die Besprechung, die er als einen freien Meinungsaustausch geführt und nicht als ›Gerichtssitzung‹ betrachtet wissen wolle. Der Präsident des Deutschen Sportverbandes und des Olympischen Komitees, Herr Daume, versuchte, in längeren Ausführungen darzutun, dass der deutsche Sport sich bisher immer den Wünschen der Bundesregierung gefügt habe. Jetzt sei der Zeitpunkt gekommen, wo er genau wissen müsse, wie man aus den bekannten immer größer werdenden Schwierigkeiten herauskomme. (...) Man solle doch Politik Politik und Sport Sport sein lassen. Er müsse darauf hinweisen, dass die Abhaltung der Olympischen Spiele in München gefährdet sei, wenn wir nicht zuliessen, dass in München die Embleme der Zone gezeigt werden könnten; (...) Er habe aber auch kein passendes Rezept, wie man der Schwierigkeiten Herr werden könne.

Der Bundeskanzler umriss ganz allgemein, wie sich die Bundesregierung bisher verhalten habe. Auch er gebe zu, dass es im Moment nicht nach einer befriedigenden Lösung aussehe. Es müsse aber unbedingt ein Weg gesucht werden (...)

Staatssekretär Lahr entgegnete zusammenfassend, dass

die Bundesregierung immer den Willen bekundet habe, eng mit der Sportführung zusammenzuarbeiten. Gewiss habe es Pannen gegeben, diese seien auch in Zukunft nicht auszuschließen. (...) An dem Erfordernis, nicht zu dulden, dass Fahne und Hymne der Zone in Erscheinung träten, und an der Aufrechterhaltung und Befolgung der Madrider Beschlüsse müsse die Bundesregierung festhalten. Wie man sich zu den Fragen der Embleme auf der unterschiedlichen Sportkleidung verhalten wolle, müsse geklärt werden. Es sei aber niemals allein Sache der Bundesregierung, sondern Sache jedes Deutschen und damit auch jedes Sportlers, die Notwendigkeit der Behauptung der Ansprüche des freien Deutschland einzusehen und von sich aus dafür einzutreten. Er müsse dem deutschen Sport sagen, man habe nicht immer die Überzeugung gewonnen, dass der Sport hierin seine Aufgabe erkannt habe. Man könne eben nicht Politik Politik und Sport Sport sein lassen.

Vizekanzler Mende und Minister Gradl betonten die Unmöglichkeit des Gedankens, es könne auf dem Boden der Bundesrepublik Deutschland etwa die Zonenflagge gezeigt werden. Es gäbe hierzu auch eine Feststellung des Bundesverfassungsgerichts. Minister Gradl ging soweit zu sagen, dass München noch abgesagt werden müsse, wenn selbst erst am Vorabend des Beginns der Olympischen Spiele eine Fahne gehisst würde.«

Nicht mehr vor der DDR zurückweichen!

Brief des Staatssekretärs im Auswärtigen Amt, Lahr, an das Bundesministerium des Innern (2. September 1966): »Das Auswärtige Amt nimmt zu der Kabinettsvorlage des Herrn Bundesministers des Innern wie folgt Stellung: Die zunehmenden Erfolge des Zonensports in der Flaggen-, Hymnen- und Emblemfrage im internationalen Sportbetrieb beruhen vor allem auf der rücksichtslosen Anwendung der Drohung, an den Veranstaltungen nicht teilzunehmen oder wieder abzureisen, wenn nicht seinen Forderungen entsprechend verfahren wird. Da der Sport der Bundesrepublik Deutschland aus Angst vor der sogenannten Selbstisolierung auf die Anwendung solcher Drohungen verzichtet, gehen die internationalen Gremien und die nationalen Veranstalter sowie die Regierungen keinerlei Risiko ein, wenn sie vor den Pressionen der SBZ-Funktonäre zurückweichen. (...) Es ist anzunehmen, dass der internationale Sport auf die Teilnahme des Sportes der Bundesrepublik Deutschland ebenso ungern verzichtet wie auf die Beteiligung des Zonensportes und deshalb genötigt ist, eine Lösung zu suchen, die nicht nur für die SBZ, sondern auch für die Bundesrepublik Deutschland annehmbar ist.

Um weitere Erfolge der SBZ aufzuhalten, genügen die bisherigen Methoden des rein verbal hinhaltenden Widerstandes nicht mehr.

Die taktische Position, die sich der Sport der Bundesrepublik Deutschland aufgebaut hat, nämlich dass der Sport Sport treibt, während Flagge, Hymne, Emblem und Bezeichnungen politische Probleme seien, welche die Bundesregierung mit diplomatischen Mitteln für den Sport zu lösen habe, sollte von der Bundesregierung nicht länger hingenommen werden. Der Sport hat sich damit die Möglichkeit geschaffen, die Bundesregierung für jeden Terrainverlust verantwortlich zu machen, wie es jetzt geschieht. Es ist unmöglich, mit dieser unrealistischen Position der angeblichen politischen Neutralität des Sports dem hochpolitisierten Sport der SBZ wirksam entgegenzutreten.«

Selbst wenn der Verdacht aufkommen sollte, der Autor

halte den Leser für nahezu ahnungslos, fügt der an dieser Stelle ein: Die ›Politik‹ des DDR-Sports erschöpfte sich seit je her – wie zudem in diesem Buch hundertfach durch Fakten nachgewiesen – darin, Sport zu treiben!

International Erfolge und auch Medaillen zu erringen, steht Athleten aller Länder frei. Am Start hat jeder von ihnen – ganz gleich welches Trikot er trägt – die gleichen Chancen. Dass ungeachtet dessen sportliche Erfolge dem Ansehen eines Landes dienen und Niederlagen ihm schaden, ist keine Erfindung von Karl Marx. Eine Erfindung Bonns war es, sportliche Siege gegen die DDR in politische Triumphe zu verwandeln und sportliche Niederlagen gegen die DDR zu politischen Fiasken zu deklarieren. Und solche ›Entscheidungen‹ fällten nicht Boulevardblätter, sondern Bundeskanzler verschiedener Parteien!

Für die dafür nötigen Unterstellungen bemühte man auch kaltblütig Lügen, von denen eine so oft wiederholt wurde, dass man sie in der Welt schließlich für die Wahrheit hielt. Als man einem DDR-Langstreckenläufer im Vorfeld eines Leichtathletiktreffens in London das Visum verweigerte, schritt der Leichtathletik-Weltpräsident, Lord Exeter ein, erzwang das Visum und gratulierte ihm nach seinem Sieg mit den Worten: »Sie sind ein Diplomat im Trainingsanzug!« Das schien Bonn so passrecht für die DDR, dass es dieses Zitat fortan Walter Ulbricht – und später Erich Honecker – zuschrieb.

Zunehmend wuchsen Daumes Zweifel an dieser Politik. Einer von vielen Beweisen dafür: Ein Brief Daumes an den Bundesinnenminister Lücke vor der IOC-Tagung in Teheran:

»Sehr geehrter Herr Minister Lücke, es ist bekannt, dass die Sowjetunion, unterstützt durch eine Reihe von Ostblock-Staaten, die obige Sitzung erneut zu politischen Angriffen gegen uns nutzen wird. Aus Insider-Informationen ist mir zur Kenntnis gekommen, sich die Stoßrichtung im beonderen gegen die Olympischen Spiele von München wendet. (...) Nach Lage der Dinge schlage ich nun vor, dass wir den Komplex der Olympischen Spiele von München auf jeden Fall gesondert sehen. Diese Veranstaltung hebt sich in jeder Beziehung vom allgemeinen innerdeutschen und internationalen Sportverkehr ab. Das ist in allen Ländern so, und so wurde es auch bei den Olympischen Spielen von 1936 in Berlin gehalten.«

Der Hinweis ausgerechnet auf 1936 hätte manchen in der Welt nachdenklich stimmen sollen.

Keine Märtyrer!

Neue Probleme tauchten auf. Fernschreiben aus: bonn (bmi): »auf grund der besprechung beabsichtige ich dem bayer. staatsministerium des innern auf seine frage, wie die emblem- und bezeichnungsfrage bei der europa-meisterschaft der rennrodler behandelt werden soll, folgendes fernschreiben zu uebersenden: ›beim auftreten von sportlern aus mitteldeutschland sollte auch bei der rennrodel-europameisterschaft von masznahmen abgesehen werden, die unnoetiges aufsehen erregen und die zonenfunktionaere in eine situation bringen, in der sie sich als ›maertyrer‹ auffuehren koennen. das tragen des zonenemblems auf der sportkleidung sollte daher uebersehen werden (...) im uebrigen hat sich an der einstellung der bundesregierung gegenueber den bemuehungen des zonenregimes um anerkennung nichts geaendert. abgesehen von der frage der spalterflagge und der becher-hymne bitte ich deshalb versuche, im rahmen der veranstaltung die bezeichnung ›ddr‹ - sei es auch als aufschrift auf der sportkleidung - zu verwenden, zu unterbinden ...‹«

1968

Der Super-Skandal

Die Olympischen Winterspiele in Grenoble waren die ersten, bei denen die DDR mit einer eigenen Mannschaft antrat. Geprägt wurden sie durch einen Skandal, wie ihn die Geschichte der Winterspiele bis dahin nie erlebt hatte. Und zwar wurde – um nachzuweisen, wie »olympisch ungeeignet« die DDR schon bei ihrem ersten Auftritt sei – den DDR-Rennschlittenrodlerinnen ein fataler Betrug unterstellt. Medien-Wortführer war *Focus*: »Die 10. Olympischen Winterspiele hatten ihren Skandal – einen deutschen Skandal. Drei Sportlerinnen aus Oberwiesenthal wurden disqualifiziert. Der erste selbständige olympische Auftritt der Zonen-Mannschaft ist von einem schrillen Misston begleitet. Doch ich meine, dass man nicht nur mit den drei Rennrodlerinnen scharf ins Gericht gehen soll. Für mich sind sie zuallererst die Opfer eines Systems geworden, ein Opfer der Funktionäre. Alles spricht dafür, dass der fanatische Ehrgeiz der sportlichen Politniks, die ›selbständige Mannschaft‹ international nach vorn zu bringen, den letzten Rest sportlichen Anstands zertrümmert hat. Es gibt keinen Zweifel: Hinter dieser schmutzigen Taktik stand das politische Kalkül. Die Sportlerinnen wurden von Kräften ferngesteuert, denen es nicht um olympische Wettkämpfe, sondern um politisches Prestige ging. Darum darf es nicht bei der

Disqualifikation der Rodlerinnen bleiben. Die eigentlich schuldigen Drahtzieher, die den olympischen Geist in Grenoble in den Schmutz getreten haben, müssen entlarvt und ein für allemal von den internationalen Wettkämpfen ferngehalten werden.«

Also: Die gerade zu den Spielen mit eigener Mannschaft zugelassene DDR sollte wegen beispielloser Unsportlichkeit von Olympia ausgeschlossen werden! Damit wäre auch das deutsch-deutsche Problem ein für allemal gelöst worden!

Der Anschlag war von langer Hand vorbereitet worden und zwar gemeinsam mit ausländischen Funktionären, die aufwändige Urlaube in der BRD verbrachten und obendrein gut honoriert wurden. Dass das Komplott nicht restlos gelang, war dem Umstand zuzuschreiben, dass die Attentäter zu viel gewollt hatten. Ihr Unmaß ließ Verdacht aufkommen und mobilisierte sogar den IOC-Präsidenten.

Tag für Tag

Der Schauplatz des Handstreichs war die Rennschlittenbahn unweit von Villard-de-Lans. Hier mein Stichwortprotokoll, das ich damals führte.

Donnerstag, 8. Februar: Die ersten Rennläufe im Einsitzer der Damen und Herren wurden um eine Stunde vorverlegt und dann wegen Tauwetters abgesagt.

Freitag, 9. Februar: Um 7.00 Uhr sollte der erste Lauf gestartet werden,aber nach einer Bahnbegehung wurden die Rennen abgesagt.

Sonnabend, 10. Februar: Immer noch Tauwetter.

Sonntag, 11. Februar: Kurzfristig waren alle Fahrer zu nachtschlafener Zeit an den Start gerufen worden. Nach den ersten beiden Läufen der Männer führte Schmid (Österreich), nach denen der Frauen Enderlein vor Müller (beide DDR). Der dritte Lauf sollte am nächsten Morgen gestartet werden.

Montag, 12. Februar: Wegen Regens wurden die Rennen abgesagt.

Dienstag, 13. Februar: Endlich Frost. Alle waren startbereit. Richard Hartmann (BRD) beantragte plötzlich neue Temperaturkontrollen der Kufen. Vor dem ersten Lauf erschien Jury-Mitglied Swiderski (Polen) am Start. Das Mitglied der Technischen Kommission, Scheimpflug (Österreich), gab vor, die Kufentemperatur zu prüfen, in dem er mit der bloßen Hand auf die Metallkufen griff und anschließend sein Urteil fällte. Die Methode monierten einige Fahrer. Das sorgte rundum für nervöse Stimmung. Kurz vor dem Start des Österreichers Schmid griff Swiderski zu dessen Schlitten und kontrollierte die Kufentemperatur auf eine bis dahin noch nicht praktizierte Art: Er griff sich ein etwa fingernagelgroßes Stück Schnee und legte es auf die Eiskante von Schmids hochkant stehendem Schlitten. Das der Pole hin und wieder auf die gewachsten Laufflächen griff, ärgerte Schmid. Swiderski wartete einige Sekunden bis der Schnee weggeschmolzen war und stellte den Schlitten erst weg, als das Wasser die Kufen herabrann. Dann sagte er unvermittelt zu Schmid: »Ihre Kufen sind zu warm!«

Die Umstehenden lachten und Thomas Köhler meinte im Scherz: »Aber Herr Schmid, so können Sie nicht starten. Ihre Kufen sind ja geheizt.« Swiderski ging wortlos ein paar Schritte zur Seite, und begab sich wenige Minuten später zum abseits stehenden Thomas Köhler. Der erinnerte sich später: »Während meiner zehnjährigen Laufbahn hatte er noch nie während eines Wettkampfes ein Wort mit mir gewechselt« – und sagte zu ihm: »Es ist doch klar, dass der

Schnee schmelzen würde, da doch die Außentemperatur höher ist, als die des Schnees. Das muss so sein.«

Nachdem Swiderski gegangen war, prüfte Scheimpflug unmittelbar vor Köhlers Start dessen Schlittenkufen wieder durch Handauflegen. »Haben Sie etwas an meinem Schlitten zu beanstanden?«, fragte ihn Köhler. Scheimpflug gab ihm keine Antwort. Darauf wurde Köhler energisch: »Herr Scheimpflug. haben Sie etwas an meinem Schlitten auszusetzen, oder darf ein FIL-Vorstandsmitglied mit einem Aktiven nicht sprechen?« Wieder keine Antwort.

»Herr Scheimpflug. ich habe Sie etwas gefragt!«

Darauf Scheimpflug: » Ich kann dazu nichts sagen ....«

Wenig später erschien Swiderski am tiefer gelegenen Damenstart. Was niemand ahnen konnte: Dort begann die offensichtlich lange vorher verabredete Aktion. Die Dispute mit den Männern hatten nur den Eindruck erwecken sollen, dass man an allen Starts die Kufentemperaturen geprüft hatte.

Unweit des Frauen-Startblocks standen die Schlitten der DDR-Fahrerinnen Enderlein, Müller und Knösel. Sie waren etwa 25 Minuten vorher dort eingetroffen. Wie zufällig nahm sich Swiderski deren Schlitten vor und legte nacheinander seine Hand prüfend auf die Kufen. Bei Angeln Knösel machte er die ›Schneeprobe‹: Er legte Schnee in die hohle Hand und schnippte ihn dann mit dem Zeigefinger in Kügelchen an die senkrecht stehenden und mit Wachs präparierten Kufen. Das gleiche vollzog er anschließend bei Anna-Maria Müller. Die Schneekristalle verwandelten sich auch bei ihr in Wassertropfen. Weitere Schlitten überprüfte Swiderski nicht.

Vom ersten Augenblick an stand Helmut Buchröder, Trainerrats-Vorsitzender des DDR-Verbands DSBV an seiner Seite und verwies darauf, dass sich das Schmelzen der

Schneekügelchen leicht durch die Außentemperatur – in diesen Augenblick +4 Grad – erklären lasse. Durch diese Bemerkung sichtlich verunsichert, antwortete Swiderski: »Stellen Sie die Schlitten mit den Kufen noch in den Schnee. ... jetzt ist doch noch Zeit dazu.«

Die drei Mädchen legten also die Schlitten mit den Kufen in den Schnee. Ehe Knösel als erste DDR-Fahrerin zum dritten Rennlauf startete, vergingen etwa zehn Minuten: bei Enderlein mehr als zwanzig.

Swiderski hatte nach seinem Handauflegen den Damenstart sofort wieder verlassen. Unmittelbar vor dem Startaufruf kontrollierten der Starter und der technische Delegierte Scheimpflug noch einmal durch Handauflegen die Kufen aller Teilnehmerinnen. Es gab keine einzige Beanstandung.

Inzwischen hatte IBM die Resultate des dritten Herren-Laufes verteilen lassen. Köhler (DDR) war erneut Bestzeit gefahren und lag nur noch 0,8 s hinter Schmid. Bei den Damen war Müller wieder Bestzeit gefahren und lag 0.04s vor Enderlein (beide DDR).

Der Damenlauf war noch im Gange – die Uhren zeigten 10.10 Uhr – als der DDR-Mannschaftsleiter Briesemeister über den Bahnlautsprecher ins Zielhaus gebeten wurde. Er folgte der Aufforderung, doch auf dem Weg begegnete er Swiderski und der versicherte ihm, dass es sich um einen Irrtum gehandelt hätte. Briesemeister entging nicht, dass der US-amerikanische Kampfrichter Cole Swiderski Vorwürfe gemacht hatte, dass er Briesemeister zurückgeschickt hatte.

Auf dem Weg zum Start des vierten Herrenlaufs – der dann wegen der Wetterverhältnisse abgesagt wurde –, erzählte ein Schwede Thomas Köhler, alle DDR-Mädchen seien wegen geheizter Kufen disqualifiziert worden.

Daumes Sekretär tauchte auf

In diesem Augenblick wollte ich zum Telefon im Hotel, um mit Berlin zu telefonieren und glaubte meinen Augen nicht zu trauen, als mir Karlheinz Gieseler – persönlicher Sekretär Daumes – begegnete. Der war zuvor nie in Villard de Lans zu sehen gewesen. Ich blieb, bis er in die Telefonzelle ging, und erkundigte mich dann, wo denn sein Chef wäre? Er hatte es plötzlich sehr eilig. Ein Journalist informierte mich: »Er hatte nur wissen wollen, ob die DDR-Frauen schon disqualifiziert seien.«

Ich stürmte zum Zielhaus und erfuhr dort, dass die Jury – Swiderski (Polen), Cole (USA) und Widmer (Schweiz) – zusammengetreten sei. Emmerich Walch, Trainer der österreichischen Mannschaft, wusste offensichtlich Bescheid und erklärte den Umstehenden: »Es geht um die Disqualifikation der ostdeutschen Mädchen: Sie haben ihre Kufen geheizt.« Walch agierte auch als Zeuge: »Ich warf etwas Schnee auf die Kufen, der sofort zischend verdampfte.«

Eine knappe halbe Stunde später wurde der DDR-Mannschaftsleiter Briesemeister im Hotel Taiga informiert, er möge zur Jury kommen. Dort teilte man ihm die Disqualifikation der drei DDR-Fahrerinnen mit. Briesemeisters Bitte um ein schriftliches Dokument wurde von der Jury abgelehnt. IBM aber publizierte inzwischen schon das korrigierte Damen-Resultat: Lechner (Italien) vor Schmuck und Dünhaupt (beide BRD).

Fast zu gleicher Zeit gab Richard Hartmann, bundesdeutscher Mannschaftsleiter, ein Interview: »Das ist mehr als eine Schweinerei. Das ist schon ein Faustschlag ins Gesicht der sportlichen Fairness!«

Um zwölf Uhr trafen sich die Mannschaftsleiter bei einem Empfang im Rathaus von Villard-de-Lans. Eine Hostess lud dort alle Mannschaftsleiter – außer den der DDR – für 14.00 Uhr zu einem Treffen ins bundesdeutschen Hotel ein. Der Franzose Maurice Arrnanet, der als Rennleiter laut FIL-Reglement als Vorsitzender bei allen Mannschaftsleiter- und Einsatzbesprechungen fungierte, war ebenfalls nicht eingeladen worden. So kam es zu einer Sitzung, zu der die bundesdeutsche Mannschaft eingeladen hatte. Um 13.00 Uhr hatte FIL-Präsident Bert Isatitsch (Österreich) dem Leiter der DDR-Olympiamannschaft Manfred Ewald zugesagt, eine Sondersitzung der FIL-Exekutive einzuberufen, sobald die Jury-Entscheidung schriftlich vorläge. Dass dies bis dahin nicht der Fall war, sei damit zu erklären, dass man noch keine Schreibkraft gefunden habe.

Eine Stunde später (14.00 Uhr) begann die von der BRD-Mannschaftsleitung einberufene Sitzung in ihrem Hotel. Die meisten Mannschaftsleiter waren anwesend. Der spanische Vertreter war nicht erreicht worden, der Franzose verließ nach wenigen Minuten die Sitzung.

Hartmann präsentierte der Runde eine Entschließung, in der gefordert wurde, die gesamte DDR-Rennrodelmannschaft – Frauen und Männer – zu disqualifizieren und von den Olympischen Spielen auszuschließen. Einige Mannschaftsleiter schienen vorher informiert worden zu sein und wollten den Text sogar noch verschärfen! Einige drohten, ihre eigene Olympiamannschaft zurückzuziehen, falls die FIL der Resolution nicht zustimmen sollte.

Einer der Wortführer agierte besonders aggressiv: Der Argentinier Matias Stinnes. Mit 57 Jahren war er der älteste Olympiateilnehmer in Grenoble. Die meisten wussten, dass der ehemalige faschistische Offizier nach Kriegsende aus der Bundesrepublik nach Argentinien emigriert war und dort auch einen Rennschlittenverband gegründet hatte, dessen einziges Mitglied er war und blieb. Dadurch war er auch Präsident, Generalsekretär, Cheftrainer und zudem der einzige Aktive seines Landes. Allerdings war er bei den olympischen Rennen bereits ausgeschieden!

Die CSSR, Norwegen, Schweden und Liechtenstein lehnten die Annahme der Entschließung ab.

Um 15.00 Uhr telefonierte FIL-Präsident Isatitsch aus dem Hotel Alsace mit dem Hotel Taiga und bat den DSBV-Präsidenten Hans Friedrich, die disqualifizierten DDR-Rennschlittenfahrerinnen zu ihm zu schicken. Die Damen entsprachen seiner Bitte und wurden einzeln von Isatitsch und dem Jurymitglied Widmer vorgeladen. Widmer protokollierte handschriftlich mit einem Bleistift. Nach den Gesprächen sollten sie dieses Protokoll unterschreiben. Ortrun Enderlein bat darum, wenigstens ihre Unterschrift mit Tinte leisten zu dürfen. Isatitsch antwortete, ein Füllhalter sei leider nicht vorhanden.

Um 16.30 Uhr gab die DDR-Rennschlittenmannschaft bei einem Notar in Villard-de-Lans eine eidesstattliche Erklärung ab, dass sie nicht gegen irgendwelche FIL-Regeln verstoßen habe.

Um 17.30 Uhr traf das auf einem beschnittenen DIN-A4-Bogen handgeschriebene Urteil der Jury ein. Es lautete: Die drei Athletinnen hätten gegen § 18 verstoßen.

Swiderski leugnete

Um 19.00 Uhr tagte im Hotel Alsace in Anwesenheit von Dr. Heinz Schöbel, Manfred Ewald und Hans Friedrich die FIL-Exekutive. Die drei DDR-Vertreter forderten die Aufhebung der Disqualifikation. Als einziger »Tatort«-Zeuge versuchte Jury-Mitglied Swiderski lautstark die Disqualifikation zu rechtfertigen. Dr. Schöbel fragte ihn, warum er die

Rennschlittenfahrerinnen aufgefordert habe, ihre Schlitten in den Schnee zu legen, dann verschwand und sie danach disqualifizierte? Wie konnten die Mädchen nach seiner Aufforderung, die Kufen in den Schnee zu legen, noch gegen eine Regel verstoßen haben?

Nach einer kurzen Unterbrechung der Sitzung bestritt Swiderski, ihnen geraten zu haben, die Schlitten zur Abkühlung in den Schnee zu legen. Die Beratung endete ergebnislos!

Mittwoch, 14. Februar: Die Disqualifikation der DDR-Fahrerinnen wurde von der FIL-Exekutive bestätigt. Am Nachmittag begann der so genannte FIL-Vorkongress. DSBV-Präsident Hans Friedrich beantragte, die Disqualifikation auf die Tagesordnung des Kongresses zu setzen. Nach hektischen Debatten wurde darüber abgestimmt und eine Mehrheit votierte dagegen. Die DDR wandte sich daraufhin an das IOC.

Donnerstag, 15. Februar: IOC-Präsident Avery Brundage erschien in Villard-de-Lans. Als erstes fragte der in Chicago einen Baukonzern leitende Milliardär – nach den Messinstrumenten, mit denen die Kufentemperaturen kontrolliert worden waren, und forderte Isatitsch auf, ihm ein solches Gerät vorzuführen. FIL-Präsident Isatitsch bekannte kleinlaut: »Es gibt keine Kontrollgeräte!«

Brundage hielt das für einen Scherz und bat dann um die Beschreibung der Methode, wie die Kampfrichter die Kufentemperaturen, die zur Disqualifikation geführt hatten, denn ermittelt hätten? Isatitsch versuchte ihm die Schneekrümel-Methode zu erklären. Brundage kommentierte das nicht, verließ die Sitzung, hatte aber zuvor die disqualifizierten Athletinnen für den nächsten Tag zum Mittagessen im IOC-Hotel eingeladen. Eine in der olympischen Geschichte beispiellose Begebenheit!

Die FIL entschied, in keiner Einzeldisziplin weitere Läufe auszutragen und demzufolge nach drei Läufen die Medaillen zu vergeben.

Freitag, 16. Februar: Brundage empfing die drei Disqualifizierten im Alphatel von Grenoble und lud sie zum Mittagessen ein. In einem Interview erklärte er anschließend kommentarlos, dass dem IOC keine Möglichkeit gegeben seien, Entscheidungen der Verbände aufzuheben.

Sonntag, 18. Februar: Nachdem die Bahn noch einmal vereist worden war, wurde am Sonntag das Rennen der Doppelsitzer ausgetragen. Olympiasieger wurden Thomas Köhler und Klaus Bonsack aus der DDR!

Zur Not »Hänschen klein«

Grenoble folgten die Sommerspiele in Mexiko-Stadt. Wer geglaubt hatte, dass nach der Entscheidung von Madrid, die DDR künftig mit eigener Mannschaft starten zu lassen, endlich aller Streit vorüber war, wurde eines Besseren belehrt. Neuer Zwist begann schon, als die Athleten ihre Quartiere im Dorf bezogen.

Die Begrüßungszeremonie begann seit je her mit dem Abspielen der Hymnen der eingetroffenen Mannschaften. Nach der Entscheidung von Madrid sollte in Mexiko also zum letzten Mal die deutsche »Olympiahymne«, also »Freude schöner Götterfunken« gespielt werden. Staunend hörten alle das mexikanische Militärorchester das Deutschlandlied spielen. Und ich – zufällig inmitten der bundesdeutschen Zaungäste – hörte den bundesdeutschen Konsul prahlen: »So arrangiert man so was hier – ein paar Dollar und die spielen Hänschen klein!«

Die bundesdeutschen Diplomaten, an der Spitze Innenminister Benda und der bundesdeutsche Botschafter, Dr. Zapp, applaudierten ihm. Auch Daume schien angetan.

Der Offizier, dem das Hymnen-Musikkorps unterstand, erschien Minuten später im Büro der DDR, entschuldigte sich und schlug vor, beim Einzug der Bundesrepublik die DDR-Hymne zu intonieren. Die DDR-Funktionäre lehnten ab und bestanden darauf, ungeachtet dieses Regelbruchs, strikt nach dem Protokoll zu verfahren. So geschah es denn auch.

Die nächste Kontroverse folgte bei der Eröffnung der Sitzung des Weltrats für Körpererziehung, einer Organisation der UNESCO. Willi Daume, der abweichend von seinem vorgegebenen Thema ›Sport für alle‹ über die Konfrontationen zwischen BRD und DDR referierte und anschließend an die Teilnehmer ein Buch verteilen ließ, das angeblich als Werbung für die Münchner Spiele gedacht war, aber derart hemmungslosen Antikommunismus enthielt, dass man es noch vor 1972 einstampfen lassen musste.

Rundum zogen indessen die Diplomaten weiter gegen die DDR ins Feld: Der *Tagesspiegel* (9. Oktober 1968): »Die deutsche Botschaft in Mexiko hat formellen Protest gegen das Zeigen der Zonen-Spalterflagge anläßlich der Eröffnung des internationalen Jugendlagers eingelegt. Der bundesdeutschen Mannschaftsleitung war vom mexikanischen Organisationskomitee mitgeteilt worden, dass die mitteldeutschen Teilnehmer des internationalen Jugendlagers bei der Eröffnungsfeier unter der Bezeichnung ›DDR‹ und hinter der Spalterflagge einmarschieren werden.«

Die Mexikaner lehnten den Protest ab, da das Jugendlager nichts mit den für die Olympischen Spiele gültigen Regeln zu tun habe.

Selbst vor der Eröffnung des auch mit wertvollen Bildern aus der DDR-Gemäldegalerie Alte Meister bereicherten Anthropologischen Museums intervenierte die Bonner Botschaft wegen die Bezeichnung »DDR« als dem Leihland. Der Botschafter verlangte, dass die Hinweise in »Ostdeutschland« verändert würden, was die Mexikaner jedoch ablehnten.

Die bundesdeutsche Unmut eskalierte, als der der Präsident des NOK der DDR, Dr. Heinz Schöbe!, im Hotel Camino Real anläßlich des Jahrestages der Gründung der DDR einen Empfang gab und dort der Präsident des Internationalen Olympischen Komitees, Avery Brundage (USA) erschien, begleitet von den IOC-Vizepräsidenten Lord Killanin (Irland), General Jose de Clarke (Mexiko) und Konstantin Adrianow (UdSSR) sowie den Mitgliedern der IOC-Exekutive, Comte de Beaumont (Frankreich), Cheik Gabriel Gemayel (Libanon) und Dr. Giorgio de Stefani (Italien).

IOC-Präsident Avery Brundage hielt eine Rede und würdigte die Erfolge des DDR-Sports bei der Entwicklung der olympischen Weltbewegung. Der *Sportpressedienst* meldete: »In bundesdeutschen Kreisen rief der glanzvolle Empfang am Vorabend des Jahrestages der Deutschen Demokratischen Republik hektische Betriebsamkeit hervor. Botschafter Dr. Zapp forderte, aus Bonn dazu aufgefordert, einen Eilbericht der Liste aller Gäste an.«

Zwei Tage vor der Eröffnung der Spiele lud Brundage die IOC-Mitglieder ohne vorherige Ankündigung zu einer außerordentlichen Sitzung des Komitees ein und setzte die Abstimmung über eine endgültige Anerkennung der DDR auf die Tagesordnung. Mit 44:4 Stimmen wurden dem NOK der DDR ab 1. November 1968 alle souveränen Rechte zuerkannt. Ihre Mannschaften konnten danach endgültig wie die Mannschaften anderer Länder, mit ihrer Fahne, dem Emblem, der Hymne und mit dem Namen

»Deutsche Demokratische Republik« an den Start gehen. Die letzten Würfel waren gefallen!

Eingeweihte wussten, dass die Aktion des Konsuls mit der Hymne den Ausschlag gegeben hatte!

Bonns Regierung, die bundesdeutsche Sportführung und auch die Medien schienen nur mühsam zu erfassen, dass Mexiko damit endgültig zum olympischen Waterloo für Bonn geworden war. Am Tag nach dem IOC-Beschluss erschien der *Stern* ahnungslos mit der Schlagzeile: »Ulbrichts Olympia-Brigade will in Mexiko die Bundesrepublik fertigmachen.«

Das IOC ermahnte Bonn

Damit hatten sich die Aktivitäten des IOC gegen die BRD keineswegs erschöpft. Die Bundesregierung wurde ermahnt, endlich die von jedem Ausrichter Olympischer Spiele Jahre vorab geforderte schriftliche Garantieerklärung der Einhaltung der Regeln und damit auch die gleichberechtigte Behandlung aller Mannschaften vorzulegen. Die Mahnung löste in Bonn Panik aus, denn man hatte diese »Rundum-Garantie« erst im letzten Augenblick abgeben wollen, immer noch hoffend, dass man das IOC bewegen könnte, doch noch eine besondere »deutsche Lösung« zu finden. Die *Süddeutsche Zeitung* verhehlte nicht, dass »Bonner Regierungsstellen, sich vorläufig noch weigern, den ›Scheck‹ einzulösen, den NOK-Präsident Daume gegenüber dem IOC-Präsidenten Brundage ausgestellt hatte: das Versprechen nämlich, spätestens bis zum 31. Dezember diese Garantierklärung der Bundesregierung beizubringen.« (13. Dezember 1968)

Ein Leserbriefschreiber erinnerte daran, dass bis dahin nur einmal ein Veranstalter zu einer solchen Garantie aufgefordert worden war, nämlich »Nazi-Deutschland, das 1934 in Athen versichern musste, Sportler jüdischer Herkunft könnten 1936 ohne Hindernis in Berlin und Garmisch starten« zu lassen.

Der *Stern* (27. Oktober 1968) konstatierte: »Die erste Goldmedaille in Mexiko ging an die DDR: das Internationale Olympische Komitee sprach ihr das Recht zu, 1972 mit eigener Flagge und eigener Nationalhymne an den Start zu gehen. Hatte man noch daran gezweifelt, so weiß man nun, dass auch unsere westlichen Verbündeten nicht viel von dem Alleinvertretungsanspruch Bonns halten.«

Was sich beim Finale der Spiele tat, schien dem *Spiegel* eine ganze Seite wert. Was der renommierte Autor allerdings ignoriert hatte, war des Konsuls so folgenreicher ›Hänschen-Klein-Spaß‹ bei der Eröffnung des Olympischen Dorfes. Er tat so, als hätten die schlampigen Mexikaner die Hymnen verwechselt.

Unvergessen für mich die Szene bei der festlichen Abschlussfeier. Nach den Riten musste als erstes die Hymne Griechenlands gespielt werden, danach die Hymne des Gastgebers Mexiko und dann die Hymne des nächsten Olympia-Gastgebers, also die der Bundesrepublik, also das Deutschlandlied. Möglicherweise von Skepsis getrieben, erhob sich Gieseler – er saß neben mir – kurz vor der finalen Zeremonie und begab sich auf die Bühne, auf der das Militärorchester die Hymnen intonierten. Strahlend kehrte er zurück und meldete dem Botschafter, dass er noch einmal die Zusage erhalten habe, dass man das Deutschlandlied spielen werde. Der Dirigent hob den Taktstock und es erklang die griechische Hymne, danach die mexikanische. Dann verließ er seinen Platz und – wie man dann erfuhr – es wurde statt des Deutschlandlieds der ›Freude schöner Götterfunken‹ vom Band gespielt. Anschließend marschierte der Dirigent an uns vorüber und salutierte dem Botschafter!

1969

Der May-Skandal

Bonn gab nicht auf! Die Alleinvertreter hatten ihren Feldzug längst verloren, glaubten aber ständig noch irgendwelche Reserven mobilisieren zu können. Athen lud zu den nächsten Leichathletik-Europameisterschaften und Bonn ließ sich einfallen, den vom Internationalen Verband gesperrten Mittelstreckler Jürgen May in seiner Mannschaft aufzubieten. Er war in Nordhausen elternlos aufgewachsen und wurde dort eines Tage von dem Ausnahmetrainer Ewald Mertens entdeckt. Die Feststellung »Ausnahmetrainer« reicht nicht hin, um die Persönlichkeit dieses Mannes zu würdigen. Er war ein Mensch mit ungewöhnlichen pädagogischen Fähigkeiten und von einer menschlichen Wärme beseelt, wie sie nur selten anzutreffen ist. Er kümmerte sich nicht nur intensiv um das sportliche Talent May, sondern auch um seinen beruflichen Weg. Als May ihm bekannte, dass er Sportjournalist werden wollte, beschaffte er ihm eine Lehrstelle als Zeitungssetzer. Möglicherweise glaubte May jedoch, es gäbe Wege schneller zu Ruhm und Vermögen zu gelangen. Während der Olympischen Spiele 1964 in Tokio muss ihn jemand animiert haben, durch Werbung für Laufschuhe schnell reich werden zu können und deshalb nicht in die DDR zurückzukehren. Andere Mertens-Schützlinge sollen ihn beschworen haben, diesen Schritt nicht zu tun. Er kehrte also zurück und feierte an Mertens Seite viele spektakuläre Erfolge. Er lief Europarekord über 1.500 m, Weltrekord über 1.000 m, triumphierte in Neuseeland und wurde 1965 »Sportler des Jahres« in der DDR.

Bei den Europameisterschaften in Budapest war der Favorit im Finale nicht Herr seiner Nerven und musste sich mit dem fünften Platz begnügen. Deprimiert und entnervt ließ er sich von einem BRD-Manager überreden, für ein stattliches Devisenhonorar den DDR-Langstreckler Jürgen Haase zu bewegen, im 5.000 m-Finale wider alle Festlegungen die Schuhe der Konkurrenz zu tragen. Haase aber mochte einen von der DDR geschlossenen Vertrag nicht verletzten, gab Schuhe und Geld bei seiner Mannschaftsleitung ab und lief in seinen Schuhen. May wurde nach seiner Rückkehr in die DDR vom Verband wegen Verstoßes gegen die Amateurregel lebenslang gesperrt, ein extrem hartes Urteil. May behauptete fortan, er sei »ohne Verhandlung aus rein politischen Gründen« gesperrt worden. Daraufhin schaltete sich die Internationale Föderation ein und beraumte eine »Revisions«-Verhandlung mit von ihr nominierten Richtern an, die die Strafe auf zwei Jahre reduzierten, aber auch ausdrücklich bestätigten, dass das Urteil im ersten Verfahren nach den Regeln gefällt worden war. Um May aus der Klemme zu helfen, in die man ihn gelockt hatte, beschaffte ihm die Schuhfirma einen gefälschten Pass. Zwar galt Passfälschung auch nach BRD-Recht als Strafrechtsdelikt, doch wurde sie in diesem Fall mit Schlagzeilen bejubelt. *Bild*: »Hier im Westen kann er laufen, soviel er will. Hier gibt es für ihn nur noch auf der Aschenbahn Gegner.«

Mays Tragik bestand darin, dass er nie wieder seine frühere Form erreichte und sein in der DDR aufgekommener großer Name bald abebbte. Für Bonns politische Projekte aber blieb er eine Ideal-Figur. Mit ihm wollte man endlich der Welt beweisen, dass eine DDR im Sport nicht existierte!

Der BRD-Verband kannte natürlich die Regeln und wusste, dass May nach seinem Wechsel von einem Verband zum anderen eine dreijährige Sperre zu respektieren hatte. Von dieser Sperrzeit fehlten in Athen noch drei Monate. Dennoch nominierte man ihn für die BRD-Mannschaft.

Der Präsident des Leichtathletik-Europakomitees, der Niederländer Paulen, hatte vorzeitig erfahren, dass die BRD May als Mitglied ihrer Mannschaft für Athen gemeldet hatte, und schrieb dem BRD-Präsidenten Danz einen mahnenden Brief, in dem er ihm auch mitteilte, dass man May nicht starten lassen würde.

Bonn aber blieb dabei, alles auf eine Karte zu setzen und zwar auf die politische. Es kam, wie es kommen musste: May reiste mit der bundesdeutschen Mannschaft nach Athen, und die Chefs dieser Mannschaft wurden offiziell informiert, dass man ihn nicht starten lassen würde!

Die BRD-Mannschaft erhielt Order, Bonns Befehlen folgend den Verband zu brüskieren und May zu nominieren. Andernfalls wollte man die Europameisterschaft boykottieren. Dass das nicht die Idee einiger einfältiger Sportfunktionäre war, bestätigte die *Frankfurter Rundschau* (18. September 1969): »Hier vollzog sich eine politische Enthüllung, die für die Bundesregierung und die von ihr bis zur Stunde verfochtene Politik des Nicht-zur-Kenntnis-Nehmens von Tatsachen eine weitere schwere Niederlage darstellt. Mit frommem Wunschdenken, wonach die DDR kein Staat ist, weil sie nach Bonner Ansicht keiner sein darf, ist heute nicht einmal mehr in der Sportwelt Beifall zu holen. Aber im Ausland (...) hat man sich den Blick für Realitäten nicht durch eine Bonner Spezialbrille trüben lassen. Und wenn dann gar noch Statuten hinzukommen wie die des Internationalen Leichtathletikverbandes, die mühelos die simple Auslegung zulassen, wonach die DDR ein Staat ist, dann gehört schon Mut der Verzweiflung oder grobe Verantwortungslosigkeit dazu, Jürgen May doch ins Athener Feuer zu schicken. Regierungssprecher Ahlers hat diesen unerschütterlichen Hang zu politischer Romantik noch einmal bekräftigt, indem er eilfertig in einem Zwischenstadium des Athener Start-Rouletts der westdeutschen Mannschaft zum Nichtantritt gratulierte. Umso peinlicher musste nun eigentlich das Erwachen sein, wo die Sportler die Torheit ihrer Verbandsfunktionäre und Politiker nicht mehr länger kritiklos mitmachen. Torheit vor allem deshalb, weil man der DDR eine brillante Gelegenheit zugespielt hat, sich ihre Staatlichkeit von Amts wegen bescheinigen zu lassen. (…) Die DDR hat eine wunderschöne Anerkennungsurkunde ihrer staatlichen und völkerrechtlichen Existenz in der Tasche. In Bonn aber gilt es nun offensichtlich die Augen noch fester zu schließen …«

Einmal mehr hatte Bonn einen politischen Schritt nicht bis zu Ende durchdacht: Griechenland ließ wissen, dass ein Boykott damit beantwortet würde, das olympische Feuer für München nicht in Olympia entzünden zu lassen!

Erpresser waren erpresst worden! Nun musste Bonn entscheiden, ob es die Münchner Spiele ohne das für alle Spiele übliche Zeremoniell beginnen wollte oder nicht. Also hob man in allerletzter Stunde den Boykottbeschluss auf und entschied, nach der bereits erfolgten Absage zu versuchen, das Gesicht zu wahren, in dem man an den Staffelwettbewerben teilnahm!

Eines Morgens lud mich Adrian Paulen ein, an seinem Tisch Platz zu nehmen. Nach den üblichen Floskeln eröffnete er mir: »Weil ich ziemlich sicher bin, dass sie über unser Gespräch morgen nicht in einer Zeitung schreiben, werde ich ihnen etwas sagen, was nur wenige wissen. Glauben sie nicht, dass uns das ewige deutsch-deutsche Duell in all den Jahren nicht gestört hätte. Es kam der Tag, an dem alle Mitglieder des Vorstandes genug davon hatten. Was uns vor allem störte, waren die ewigen ›Hinter-dem-Vorhang-Operationen‹ gegen ihre Mannschaften. Wir einigten uns auf einen allerletzten Test und verlangten, dass die DDR-Mannschaft auf Grund eines bundesdeutschen Antrags zu einer Europapokal-Vorrunde hinter dem Schild ›East-Germany‹ in ein DDR-Stadion marschieren sollte. Die DDR tat es! Von diesem Tag an galt für den Vorstand: Alle Regeln gelten für alle! Der Tag war gestern!«

Würzburg – die Fahne wurde gehisst!

Und ähnlich handelten auch andere Verbände. Man stritt zuweilen, wer der erste gewesen war, der die DDR-Flagge gehisst hatte. Nach meinen Erkundungen war das beim Schwimm-Europapokal in Würzburg 1969. Der Bundesminister für innerdeutsche Fragen, Egon Franke hatte am 15. Oktober 1970 vor Sportjournalisten in Barsinghausen erklärt: »Wir sind zwar daran gewöhnt zu hören, dass Sport und Politik unvereinbar seien und dass der Sport auf jeden Fall von Politik freigehalten werden müsse. Bei näherer Betrachtung zeigt sich jedoch, dass die Wirklichkeit anders aussieht. Dies gilt nicht nur für die DDR. Dies gilt – wenngleich in völlig anderer Weise – auch für die Bundesrepublik. Denn mag hier die Sportorganisation auch unabhängig und keiner staatlichen Reglementierung unterworfen sein – den Konsequenzen, die sich aus der staatlichen Teilung Deutschlands ergeben, kann gerade der Sport nicht ausweichen.«

Man hatte bei der ersten offiziellen DDR-Flaggenhissung sogar versäumt, rechtzeitig die diplomatischen BRD-Vertretungen von dem Sinneswandel in Kenntnis zu setzen, so dass zur gleichen Stunde, da in Würzburg das DDR-Banner gehisst wurde, im italienischen Bozen der Europapokal der Wasserspringer auf Grund der gewohnten Weisungen, keine DDR-Flagge zu hissen, ein Spektakel verursachte. Vor allem aber beklagte ein verschlüsselter »Schriftbericht« an das Auswärtige Amt vom 25. August 1969: die Reaktion der Medien: »der sieg der ddr-schwimmer in würzburg wurde im ostberliner fernsehen und der ostberliner presse politisch ausgeschlachtet. die erste offizielle hissung der flagge und das spielen der becher-hymne in der bundesrepublik deutschland, das durch den beschluss der bundesregierung vom 22. Juli 1969 ermoeglicht wurde, wird herausgestellt.« Kernsatz einer im folgenden wiedergegebenen Mitteilung des Bonner Auswärtigen Amtes: »Die seit dem Jahr 1966 von der Bundesregierung eingenommene Haltung ... hat zu einem immer weiteren Abbröckeln der Position der Bundesregierung geführt. Den damit verbundenen Nachteilen standen keine entsprechenden Vorteile gegenüber.«

1972

Zur Abwechslung Freese

Bei den Olympischen Winterspielen In Sapporo hatte der Skilangläufer Gerhard Grimmer zum ersten Mal die

DDR-Flagge ins Stadion getragen. Die BRD blieb trotz der zahllosen Polit-Niederlagen ihrem Prinzip treu und nominierte wider alle Regeln den nach seinem Wechsel in die BRD gesperrten Eisschnellläufer Horst Freese. Niemand ließ sich mehr auf eine Debatte über den Alleinvertretungsanspruch ein. Die nach einem Verbandswechsel nötige Drei-Jahres-Sperre war noch nicht vorüber, und so musste die BRD ihn aus dem Aufgebot streichen.

»Angebundene Sieger«

Also blieb kein Streit mehr, wer für ›Deutschland‹ starten würde. Das IOC hatte die alles regelnden Entscheidungen getroffen. Und was Bonn auch immer seinen Botschaftern auftrug, die IOC-Mitglieder waren nicht mal mehr erreichbar – von Daume vielleicht abgesehen –, niemand kümmerte sich bei Olympia mehr darum. Es blieben nur Hetze, Hass und Härte der Medien. Als die Rennschlittensportler der DDR stapelweise Medaillen gewannen, erklärte *Bild* (4. Februar 1972) das seinen Millionen Lesern so: »Mit brutalen Trainingsmethoden werden die Rennrodler der DDR zum Erfolg getrieben. Ihre Superform verdanken sie Höllenqualen in der Folterkammer. Das jedenfalls ist die Ansicht von Fritz Nachmann, Sportwart der Rodler der Bundesrepublik. ›Die Rennrodler aus der DDR sind durch ein Fegefeuer zum Erfolg gegangen‹, behauptet Nachmann. ›Wenn die nicht mit dem Oberkörper ganz flach und windschlüpfrig auf dem Schlitten liegen bleiben, bindet sie Köhler ganz einfach auf dem Rodel fest‹ … Außerdem geht die Diskussion … um die schnellen Kufen der DDR-Rodler weiter. Das neueste Gerücht: Die Sportler aus dem anderen Teil Deutschlands sollen auf Silberschienen um Gold kämpfen. Man behauptet, dass die Stahlkufen mit Hartsilber ummantelt sind. Hartsilber erwärmt sich bei der Fahrt schneller als Stahl. Dadurch entsteht weniger Reibung – das gibt schnellere Zeiten. ›Am Silber kann's nicht liegen‹, kontert Nachmann. ›Wir haben im November Versuche mit silberbelegten Kufen gemacht. Sie ergaben keine Zeitverbesserung.‹ Eine andere Version besagt, dass die Kufen der DDR-Rodler galvanisch verkupfert sind und mit Quecksilber eingerieben werden. ›Mit diesem ganzen Theater will man uns nervöser machen, als wir so schon sind‹, beendet unser Bundestrainer Sepp Lenz die Diskussion.« Immerhin hatte sich einer der Trainer noch Verstand bewahrt …

Die Welt (5. Februar 1972) wusste noch mehr: »Sie wurden – so wird berichtet – auf ihren Schlitten festgebunden, um den Instinkt verkümmern zu lassen, auf kritische Situationen reflexartig durch Aufrichten zu reagieren.«

Voraus-Hurra

16 Jahre vorher hatten die Spiele in Melbourne stattgefunden und Bonn hatte kommandiert, wer als Chef de Mission fungierte. Zu unzähligen Welt- und Europameisterschaften hatte man seitdem favorisierten DDR-Athleten die Visa verweigert und ihnen damit Titel und Medaillen gestohlen. Aber 1972 mussten sich Bonner Minister in München, also im eigenen Land erheben und die Jahrzehnte durch Gesetz verbotene DDR-Hymne für die Sieger von München anhören. Man musste sich verneigen, musste freundlich gratulieren und die theoretisch gar nicht existierenden DDR-Athleten mit Medaillen dekorieren.

Wie würde man dieser prekären Situation begegnen? Man entschloss sich, so zu tun, als hätte man lange damit gerechnet, wählte sogar respektable Worte und wollte so die sieggewohnten Bundesbürger rechtzeitig darauf vorbereiten. *Der Spiegel* druckte – Monate bevor die ersten Medaillen vergeben wurden – eine dreiteilige Serie über den DDR-Sport. Sie war 15.268 (!) Worte lang, von denen wir nur 536 (3,4 Prozent) zitieren. Der Titel *Bei uns ist immer Olympia*. Und während in Sapporo noch wüst gehetzt worden war, wurden nun schickliche Töne angeschlagen: »Die Einsatzbefehle liegen bereit, der Auftritt ist längst geprobt: Vom 26. August an werden die Sportler der Deutschen Demokratischen Republik in den Stadien, Sporthallen und Regatta-Revieren der Olympischen Spiele zu München antreten, um vor vier Millionen Zuschauern und fast einer Milliarde TV-Zeugen zu erkämpfen, was bisher Diplomaten nicht restlos gelang – die Anerkennung des zweiten deutschen Staates.

Die Chancen stehen gut, dass die Aktion gelingt. Denn wie kein anderer Staat hat sich die DDR auf die Münchner Medaillen-Messe vorbereitet, ihre Planer haben den Aufmarsch der DDR-Mannschaft als einen Triumph des Arbeiter- und- Bauernstaates über Bonn programmiert.

Angetrieben von einer Leistungsexplosion, die dem Zürcher *Sport* wie ›ein wahrer Dammbruch‹ erscheint, hat die DDR Aussicht, nach den USA die beherrschende Sportnation der Olympischen Spiele zu werden. ›Dreimal kleiner als Polen, fünfmal kleiner als Frankreich, mit weniger als 18 Millionen Einwohnern‹, diagnostizierte der Pariser *Express* in einem Vor-Olympia-Bericht, ›steht Ostdeutschland heute in der vordersten Reihe des europäischen Sports. ... In München aber soll die Überlegenheit des DDR-Sports über den bundesdeutschen Klassenfeind gleichsam endgültig protokolliert werden. Den Gegner auf dessen eigenem Platz zu besiegen – das war Sinn und Zweck all der

Vorbereitungen ... Heute importiert die ganze Welt aus der DDR Wissen und Methoden zur Förderung des Leistungssports ebenso wie Organisationsformen des Gesundheitssports für jedermann ...‹ Auch Frankreichs Athleten ließen sich von DDR-Vorbildern inspirieren. Als die französische Mannschaft 1960 von den Olympischen Spielen in Rom ohne eine Goldmedaille zurückkehrte, berief der empörte General-Staatschef de Gaulle (›Nationale Schande‹) nach DDR-Muster ein ›Sportbataillon‹ ein. Wie in den Armee-Sportklubs ›Vorwärts‹ sammelten sich in Joinville die bis dahin verstreuten Spitzensportler Frankreichs. Selbst die Bundesrepublikaner nahmen – zuweilen – Lehren aus der DDR an. Die DDR-Turnerin Karin Janz und der Zehnkämpfer Joachim Kirst, beide Zöglinge von ›Kinder- und Jugendsportschulen‹ der DDR, überflügelten bei internationalen Meisterschaften ihre bundesdeutsche Konkurrenz – prompt richteten westdeutsche Sportpädagogen Sportzüge im Schuldorf Bergstraße und in Meisenheim ein. Der Deutsche Schwimm-Verband gründete in Saarbrücken die ›Max-Ritter-Schule‹, in der jugendliche Schwimmer mit dem Bundestrainer und ehemaligen DDR-Sportassistenten Horst Planert zum Wettkampf rüsten.

Die umfassenden Unterstützungs-Methoden der DDR wiederum animierten Dressur-Olympiasieger Josef Neckermann: Er wandelte sie auf westdeutsche Bedürfnisse ab und feilte die ›Stiftung Deutsche Sporthilfe‹ zum wirksamsten Förder-Ins trument in der Bundesrepublik aus.

Auch die Funktionäre des DDR-Sports planten bald so zuverlässig, dass die internationalen Fachverbände gerne Einladungen der DDR-Organisatoren annahmen. Sie übertrugen Leipzig die Europameisterschaften im Schwimmen (1962), vergaben die Weltmeister-Titel im Gewichtheben in Ostberlin (1966), ehrten die schnellsten Radsportler der

Welt in Leipzig mit den Regenbogen-Trikots der Weltmeister (1958 und 1960) und ließen den Weltpokal im Volleyball 1970 in Berlin ausspielen. Zugleich finanzierte die DDR freilich auch weniger attraktive, dabei kostspielige Welt- und Europameisterschaften, für die sich nur schwer Veranstalter finden: die Weltmeisterschaften der Turnierangler in Dresden (1961) und Güstrow (1968), der Kegler in Bautzen (1959), der Modernen Fünfkämpfer in Leipzig (1965), die Europameisterschaft der Schützen 1971 in Suhl. Mehr als 40 Welt- und Europa-Titelkämpfe fanden bis 1971 in der DDR statt, dazu ungefähr 30 internationale Veranstaltungen von Weltrang. ›In der DDR werden die olympischen Ideen vorbildlich gepflegt‹, lobte Avery Brundage, 84, der amerikanische Präsident des Internationalen Olympischen Komitees (IOC), 1969 nach einem Besuch in Ost-Berlin.«

Selbst alle, die sich nach 1990 bemühten, das *Sportwunder DDR* (kanadischer Buchtitel) mit Drogen und Wundermitteln zu »erklären«, strandeten schnell. Ein Berliner Gericht rettete sich bei seinem Urteil nur, indem es die Gutachten der aus dem tiefsten Westen geholten Experten ignorierte, und bald darauf kam das Massendoping im Westen ans Licht.

Münchens Agitationsfibel

Neben dem Vorausjubel für die DDR mühte man sich, die natürliche Anziehungskraft Olympias gebührend zu nutzen. Neben der Startnummer erhielt jeder Teilnehmer auch ein Lehrbuch über Olympia aus Münchner Sicht: »Diese Materialsammlung, die von Pädagogen ausgewählt und zusammengestellt wurde, gehört in jede Schule, in die

Hände jedes Schülers und Lehrers. Für Lehrer wird auf Anforderung ein Beiheft mit Hinweisen zur zweckmäßigen Verwendung im Unterricht kostenlos mitgeliefert.«

Kern des Buches war eine Darstellung deutscher und internationaler Geschichte aus bundesdeutscher Sicht:

»Am 1. August begann der erste Weltkrieg. Jubelnd zogen die deutschen Soldaten an die Front, mit Blumensträußen in den Läufen der Gewehre. Das Jahr 1916 war das Jahr der Materialschlachten, der Kampf um Verdun, die Schlacht an der Somme, der erstmalige Einsatz von Giftgas. 28 Staaten waren am ersten Weltkrieg beteiligt.« (Seite 120)

»1940 besetzten deutsche Truppen Dänemark und Norwegen. Auch Luxemburg, Belgien und Holland schützte ihre Neutralität nicht vor dem deutschen Zugriff. Nach dem ›Blitzfeldzug‹ gegen Frankreich zogen deutsche Truppen in Paris ein. Durch diesen Erfolg schien der Friede in greifbare Nähe gerückt.« (Seite 142)

»In der sowjetischen Besatzungszone vereinigten sich auf sowjetischen Druck KPD und SPD zur Sozialistischen Einheitspartei Deutschlands, und es begann die konsequente Kollektivierung der Landwirtschaft und die Enteignung der Privatindustrie.« (Seite 144)

»Auf Antrag der Bundesregierung verbot das Bundesverfassungsgericht die Kommunistische Partei. Hitler wurde amtlich für tot erklärt.« (Seite 153)

»Für Antwerpen und Belgien war es eine Prestigefrage, die ersten Olympischen Spiele nach dem Krieg durchzuführen ... Sofort ergaben sich aber politische Schwierigkeiten. Friedensfest ja, aber nicht mit Deutschland, Österreich und Ungarn. Darüber wurde im IOC erbittert diskutiert.« (Seite 124)

»Der Krieg in Vietnam erreichte seinen Höhepunkt. Reguläre Truppen aus Nordvietnam und die Vietkong entfesselten eine Offensive, die das Land in ein Chaos stürzte.« (Seite 167)

»Das IOC erkannte nur ein Nationales Olympisches Komitee für Deutschland an und forderte die Sportführung der SBZ auf, sich diesem westdeutschen NOK anzuschließen, bzw. mit ihm ein gemeinsames NOK zu bilden. Eine solche Einigung kam nicht zustande. Damit blieb den Sportlern der SBZ der Weg nach Helsinki verschlossen.« (Seite 93)

»Die Geschichte des Sports in Deutschland in der ersten Hälfte des 20. Jahrhunderts ist ohne das Werk Carl Diems und ohne die Wirkung seiner Persönlichkeit nicht zu denken. (...) In Carl Diem hatte eigentlich Pierre de Coubertin einen schöpferischen Nachfolger seiner geistigen Konzeption des modernen Olympionismus gefunden. Es liegt eine gewisse Tragik darin, dass durch den Zweiten Weltkrieg Diem die offizielle Plattform für ein internationales Wirken entzogen wurde.« (Seite 93)

Schließlich war man auch noch auf die Idee gekommen, unweit des Olympiastadions eine Ausstellung über die »deutschen Ostgebiete« zu eröffnen. Sie umfasste Bauwerke im früheren Ostpreußen bis hin ins ehemalige Schlesien. Da man diplomatischen Ärger mit Polen befürchtete und auch das IOC Bedenken äußerte, engagierte man eine Horde Jugendlicher – sie sollen der CSU nahe gestanden haben – und ließ das Museum in Flammen aufgehen.

Die Tragödie des Tote fordernden palästinensischen Attentats auf die israelische Mannschaft ist nie daraufhin untersucht worden, ob man es bei entsprechenden Sicherungsmaßnahmen hätte vermeiden können. Nach vierzig Jahren kam man sogar auf die Idee, die Staatssicherheit zu den Mitschuldigen zu zählen. Dass nach München zum ersten und einzigen Mal zwei MfS-Offiziere – nach einigem

Zaudern sogar bewaffnet! – offiziell in die BRD einreisen durften, um die DDR-Mannschaft zu sichern, hat man inzwischen restlos vergessen.

In guter Erinnerung ist indes vielen noch der im Kino des Olympischen Dorfes wegen seines Erfolges oft aufgeführte Thorndike-Film über die Spartakiade in Wernigerode.

1974

Schnipsel in die Donau!

Man schrieb das Jahr 1974. Kaum jemand erinnerte sich noch an die Bonner Alleinvertretungsansprüche von 1956! Das IOC tagte in Wien, um zu entscheiden, wo man 1980 Olympia feiern wollte. Einer der Bewerber war Moskau, und was daraus geworden war, hatte man in Lake Placid erleben können.

Schon als sich Moskau 1970 das erste Mal beworben hatte, rotteten sich die Antikommunisten der Welt zusammen und Montreal erhielt die Spiele. Beim zweiten Anlauf war Killanin bereits Präsident und er begegnete den Kreml-Feinden mit irischem Einfallsreichtum.

Am 23. Oktober 1974, morgens 9 Uhr, waren die gewaltigen Türen des Sitzungssaales des Wiener Rathauses verschlossen und dann an die IOC-Mitglieder die Stimmzettel ausgeteilt worden. Man war in jeder Hinsicht peinlich genau nach den Regeln vorgegangen – die Frage, ob Moskau oder Los Angeles ihre Bewerbungen dem IOC als erster vortragen sollte, hatte das Los entschieden.

Um 9.25 Uhr öffneten sich die Türen wieder, und wenig später teilte Lord Killanin mit, was die Auszählung der 61 grünen Stimmzettel ergeben hatte: »Die Spiele der XXII. Olympiade der Neuzeit finden in Moskau statt, die Olympischen Winterspiele 1980 in Lake Placid.«

Seit Jahrzehnten hatte man der Verkündung die Zahl der Stimmen folgen lassen. In Wien brach Killanin auch mit dieser Tradition und unterhielt das Komitee mit der Story eines Mannes, dem man glaubte, dass er zuweilen auch Filmdrehbücher schrieb: Man habe sich wegen der politischen Brisanz der Situation entschlossen, die beiden ältesten IOC-Mitglieder mit der Auszählung zu beauftragen, und sie gebeten, die Namen der erfolgreichen Orte mitzuteilen, danach die Stimmzettel zu zerreißen, die Schnipsel in die nahe Donau zu streuen und das Ergebnis mit ins Grab zu nehmen. Keiner glaubte diese Geschichte, aber jeder begriff, dass Killanin schon in dieser Stunde politischen Streit vermeiden wollte. Niemand sollte erfahren, wie viel IOC-Mitglieder für und wie viel gegen Moskau votiert hatten. Killanin ahnte natürlich, dass man den Zahlen nachspüren würde. So blieb das »Geheimnis« auch kein Geheimnis, aber die publik gewordenen Zahlen (39:22) leugnete er bis ans Ende seiner Tage.

Dieses Wiener Wahlergebnis hatte auf den ersten Blick nichts mit den deutsch-deutschen Olympia-Kontroversen der Vergangenheit zu tun, doch erwies sich umgehend, dass damit auch die Bonner Politik in neue Etagen stieg. Es ging längst nicht mehr um Segler-Streit oder Rennschlittenkufen, sondern um blanke Politik. Washington griff in die olympischen Speichen, und Bonn stand stramm!

Die erste Nachricht, die das Internationale Olympische Komitee aufforderte, Moskau die Spiele wieder zu entziehen, nahm niemand sonderlich ernst, denn sie stammte aus Chile. Es überraschte niemanden, dass die dortige Faschisten-Junta gegen Moskau plädierte, aber dann meldeten sich die USA mit Gegenstimmen und damit geriet das IOC endgültig in die Frontlinien.

1976

Die Anderen mal über die DDR schreiben lassen ...

In Montreal begnügte sich Bonn mit einem Protest gegen die Ausstellung der Freundschaftsgesellschaft Kanada-DDR, aber selbst der klang halbherzig und wurde von den Gastgebern mit dem telefonischen Hinweis erledigt, dass in Kanada Ausstellungen nicht kontrolliert werden. Die *Welt* (31. Juli 1976) raffte sich dazu auf, ihren Lesern in der Bundesrepublik die Spiele mit erbarmungsloser Offenheit zu schildern. So lautete die fette Dachzeile: »Diese politisierte Olympiade begann fatal und sie hat auch fatale Folgen: Ein neues Deutschlandbild entsteht in Amerika.« Aus dem Report: »Es war noch in den ersten Tagen der Spiele, als der Taxifahrer schüchtern seine Kunden fragte: ›Bitte, ich möchte Sie nicht beleidigen, aber es interessiert mich: Sind Sie aus Ost- oder aus Westdeutschland?‹ Bei der Antwort ›West‹ nickte er verstehend. ›Ich hatte es mir schon gedacht – aber man kann ja nie wissen.‹ Sein Bild von den Deutschen aus West und Ost, ein sehr schemenhaftes, ungenaues und auf unzureichende Informationen gebautes Bild stimmte. Er hatte sich nicht getäuscht.

Mittlerweile traut kein Kanadier mehr dem, was er bisher wusste von den Deutschen aus Ost und West, aus der ›Föderalen‹ Republik und der ›Demokratischen‹ Republik. Schwer genug war das ohnehin. Denn mit ›demokratisch‹ verbindet der Nordamerikaner die Begriffe ›frei‹ und ›westlich‹. ›Föderal‹ sagt ihm nichts.

Und nun kommen die vielen Medaillen dazu, Goldmedaillen hauptsächlich, die East-Germany gewonnen hat. – Das verwirrt. Die Siegertypen, so hatten die Kanadier bisher geglaubt, kommen aus jenem Teil Deutschlands, mit dem sie, die Nordamerikaner, befreundet sind.

Westliche Politiker und Olympiareisende haben in diesen letzten Montrealer Tagen zumindest einmal in 24 Stunden ihr entsprechendes Schlüsselerlebnis. Es wird ihnen auf ebenso deprimierende wie alarmierende Weise vor Augen geführt, dass Goldmedaillen im Dutzend in den Vorstellungen von Millionen Menschen grundlegende Veränderungen hervorrufen können. Die Bilder erhalten plötzlich andere Farben. Das war bekannt, aber es war noch nie so hautnah zu erleben. Zweieinhalb Dutzend Goldmedaillen haben diese Propaganda ausgelöst. Innerhalb weniger Tage werden positive Eindrücke, die der Sport vermittelt, unkontrolliert auf andere Bereiche übergeführt. Der Sieg eines hübschen Mädchens im 200 m-Lauf zieht unkritische Betrachtungen des Lebens in einem Lande nach sich, von dem bisher nichts oder nur Negatives bekannt war. Die Zeitungen berichten, und die Leser fragen sich irritiert, weshalb man sie glauben machen konnte, die besseren Deutschen säßen im Westen des Landes.«

1980

Wo Shirley Temple tanzte – hetzt Cyrus Vance

Die meisten im Saal wussten: Auf dieser Bühne hatte schon die legendäre Shirley Temple getanzt und – was wohl für die Mitglieder des Komitees weit wichtiger war – auf dieser Bühne war auch schon der IOC-Kongress vor den Olympischen Winterspielen 1932 in Lake Placid eröffnet worden. Ein historischer olympischer Ort also!

Aber in dieser Stunde war nicht die Vergangenheit sondern die Gegenwart gefragt! USA-Außenminister Cyrus Vance war aus Washington gekommen, um die Mitglieder des IOC zu den VIII. Olympischen Winterspielen willkommen zu heißen und sie wissen zu lassen, dass USA-Präsident Carter in 48 Stunden die Spiele feierlich eröffnen würde. Genug Gründe also für eine festliche Stunde, aber Vance bescherte das Gegenteil, als er dem IOC mitteilte: »Es wäre wünschenswert die Spiele von Moskau in diesem Sommer an einen anderen oder mehrere andere Orte zu verlegen. Oder es wäre möglich, durch eine einfache Regeländerung die Spiele um ein oder mehrere Jahre zu verschieben.«

Derlei Grußworte hatte das IOC nie zuvor gehört! Man verzichtete auf Beifall!

Als der Präsident des IOC, Lord Killanin, die schmalen Stufen zu jener traditionsreichen Bühne hinaufstieg, wandte er dem Außenminister demonstrativ den Rücken zu, verzichtete sogar auf den üblichen Begrüßungshandschlag und ließ es anschließend auch nicht an deutlichen Worten fehlen: »Meine Damen und Herren, sollte niemand von ihnen in Moskau sein – ich werde da sein!« So unmissverständlich ermahnt, beschloss das IOC: »Alle 73 Mitglieder, die bei der 82. Vollversammlung des Internationalen Olympischen Komitees anwesend waren, stimmten überein, dass die Spiele in Moskau wie geplant stattfinden müssen. Das Internationale Olympische Komitee kann die politischen Probleme dieser Welt nicht lösen. Es ruft aber die Regierungen aller Länder, insbesondere die Großmächte auf, zusammenzukommen, um ihre Meinungsverschiedenheiten auszuräumen. Ich als Präsident des IOC und alle IOC-Mitglieder werden alles uns Mögliche dazu beitragen, damit die Spiele der XXII. Olympiade in der richtigen Atmosphäre stattfinden können.«

Das Weiße Haus mochte diese auf US-amerikanischem Boden erlittene schmähliche Niederlage nicht ohne weiteres hinnehmen: Der Präsident der USA sagte seine Reise zur Eröffnungsfeier nach Lake Placid ab. Tausende von Programmheften mussten eingestampft werden, da statt seiner nun Vizepräsident Mondale die Eröffnungsworte sprechen sollte.

Als die NATO aufmarschierte

Bald darauf beschloss der NATO-Rat in Washington eine Reihe von Dokumenten, über deren Inhalt zunächst Stillschweigen bewahrt wurde, bis ein Startschuss aus London kam: Am 21. Mai 1978 forderte die *Sunday Times*, man »solle nicht vergessen ... Konsultationen mit anderen Regierungen in der Absicht stattfinden zu lassen, einen möglichst ausgedehnten Boykott der Spiele von 1980 zu begünstigen.« Und am 29. Juli 1978 erklärte der amerikanische NOK-Präsident Robert Kane: »Die Vereinigten Staaten werden die Olympischen Spiele 1980 in Moskau boykottieren, falls Israel ausgeschlossen werden sollte.« Nie war zuvor die Rede davon gewesen, Israel die Einreisevisa zu verweigern.

Im November nahm sich das Straßburger Europaparlament der Sache an: »Abgeordnete wollen verhindern, dass die Olympischen Spiele 1980 in Moskau stattfinden.«

Warnend reagierte immer mal wieder der IOC-Präsident: »Wer eine Siegerehrung bei den Olympischen Spielen in Moskau für eine politische Demonstration missbraucht, dem werde ich persönlich so schnell wie möglich die Medaille wieder abnehmen. Es ist niemandes Pflicht, nach Moskau zu gehen und wir werden politische Demonstrationen während der Spiele in Moskau nicht dulden.«

Wenige Tage nach einer Beratung in Bad Boll nahm IOC-Präsident Lord Killanin erneut zu den vielen demagogischen Postulaten Stellung und schrieb am 28. November 1979 in der *International Herald Tribune*: »Gewisse Personen haben die Forderung erhoben, dass das IOC Druck für die Entlassung politischer Gefangener während der Dauer der Spiele ausüben sollte. Welche Sympathien dabei auch eine Rolle spielen mögen – ich betrachte es nicht als die Pflicht des IOC, sich in die Angelegenheiten des Kreml oder des State Department einzumischen, es sei denn, es handelt sich um Verpflichtungen, die die Verantwortung als Gastgeber der Olympischen Spiele oder die Einladungen an alle Nationalen Olympischen Komitees betrifft.(...) Das IOC stimmte dafür, Moskau die Spiele zu übertragen. Zum ersten Mal in einem kommunistischen Land. Los Angeles, dem inzwischen die Spiele 1984 zugesprochen wurden, war der andere Bewerber. Es wurde dies in dem Glauben getan, dass der Sport universell und das politische Regime eines Landes nicht ausschlaggebend ist.«

Am 28. Dezember kam es zu der Hilfsaktion der UdSSR

für Afghanistan. Wie alle Welt sehr gut weiß, war ein lange zuvor geschlossener Vertrag der Regierungen beider Länder die Grundlage für den Beistand gegen die von fremden Mächten finanzierten Aggressoren. Und dieser Tage erwägt man in Washington Truppen nach Afghanistan zu schicken. Wo finden die nächsten Spiele statt? In Rio de Janeiro …

Bereits am 31. Dezember 1979 war in der Bonner *Welt* die Rede davon gewesen, dass »die Möglichkeit eines Boykotts der Olympischen Spiele in Moskau durch den Westen nicht mehr ausgeschlossen« werde. Noch zauderte Bonn, wahrscheinlich, weil man sich noch nicht ausmalen konnte, Olympia der DDR zu überlassen. Man weiß, was sich dann tat. Aber vielleicht doch nicht alles …

1988

Wie Honecker die Olympischen Spiele rettete

1984 fanden in Los Angeles die zweiten boykottierten Spiele statt und nicht nur IOC-Präsident Samaranch – übrigens ein Mann mit Franco-Vergangenheit – fürchtete um den Erfolg der von den IOC-Mitgliedern der zuständigen Mächte nicht zufällig nach Seoul vergebenen nächsten Spiele. Als erstes hatte das brüskierte Nordkorea protestiert, Kuba folgte auf dem Fuße. Samaranch suchte lange sogar vergeblich nach einem Austragungsort für den nächsten IOC-Kongress. Olympia hatte seinen Gold-Wert verloren. Was ihn bewog, Erich Honecker zu fragen, weiß niemand, aber bei ihm bekam er eine positive Antwort. Berlin empfing das IOC, und bei einem Vier-Augen-Gespräch des Staatsratsvorsitzenden mit dem IOC-Präsidenten äußerte Honecker: »Wir werden nie mehr Olympische Spiele boykottieren!« Der – so seine Umwelt – fassungslose Samaranch sorgte dafür, dass der Kreml auf Umwegen davon erfuhr. Samaranch war klug genug, um zu wissen, dass die DDR-Zusage ein Trumpf war, den kaum jemand überbieten konnte!

Als erstes überreichte er Erich Honecker den Olympischen Orden, dann erschien er demonstrativ auf der Ehrentribüne des DDR-Turn- und Sportfestes 1987 in Leipzig, zeichnete den Leiter der Abteilung Sport im ZK der SED mit dem olympischen Orden aus und überreichte vor 100.000 Zuschauern den DDR-Sportoberen ein nie zuvor verliehenes olympisches Ehrenbanner des IOC.

Um ganz sicher zu gehen, reiste er noch einmal nach Berlin, nachdem er erfahren hatte, dass Moskau die Erdöllieferungen nach Schwedt drastisch reduziert hatte und die DDR-Wirtschaft dadurch in massive Schwierigkeiten geriet Noch demonstrativer aber war sein Besuch in Berlin 1988. Die Eröffnung der Seoul-Spiele fand am 17. September statt. Publik geworden war, dass Nordkorea seine Verbündeten noch einmal zum Boykott aufgerufen hatte. Samaranch alarmierte einmal mehr Honecker. Über Nacht ließ sich Samaranch zu dem vom 20. bis 22. Juni von der DDR einberufenen »Internationalen Treffen für kernwaffenfreie Zonen« einladen, obwohl niemanden zu erklären war, welchen Einfluss das IOC auf kernwaffenfreie Zonen hatte.

Die Rede, die Samaranch dort vor über tausend Teilnehmern aus 111 Ländern hielt, wurde kaum irgendwo erwähnt, signalisierte aber, dass die zweitmächtigste Sportnation der Welt dem Pfad des IOC folgte. Über kernwaffenfreie Zonen verlor Samaranch kein Wort, aber viele über Honecker: »Ich überbringe Ihnen heute die brüderlichen Grüße der gesamten olympischen Bewegung in der

Hoffnung, dass unser Bemühen um Frieden auf unserer Erde schließlich von Erfolg gekrönt sein wird. Ich möchte hier einem Mann, der sich in diesem Sinne besonders verdient gemacht hat und uns sehr nahe steht, eine verdiente Ehrung zuteil werden zu lassen. Ich meine den Vorsitzenden Erich Honecker. Denn seitdem Sie das Schicksal Ihres Landes in Ihre Hände genommen haben, zeugten Ihre Handlungen immer von dem tiefen Verständnis und der Wertschätzung, die Sie, wie ich zu wissen glaube, unserer olympischen Bewegung entgegenbringen. Sie haben die Bedeutung, die diese Bewegung in unserer modernen Gesellschaft besitzt, sehr gut verstanden, und ich weiß, dass Sie sie billigen, denn Sie haben immer streng persönlich darauf geachtet, dass diese Traditionen gewahrt werden.«

Olympia mit Schlachtschiffen

Hatte Honecker einen Fehler begangen? Hätten seine Geheimagenten ermitteln müssen, dass die Südkoreaner die Olympischen Spiele in einer Weise missbrauchen würden, wie sie noch nie in der Geschichte missbraucht worden waren. Wer hatte US-amerikanische Kriegsschiffe vor Olympias Küste ankern lassen und Scharen von Olympia-Journalisten über Schlachtschiffplanken bummeln lassen? Die Antwort lautete: Die Bundesrepublik Deutschland! Aus der *Welt am Sonntag* (7. August 1988) erfuhr man: »Auf Einladung der US- Navy besuchte *Welt am Sonntag* das amerikanische Kriegsschiff ›New Jersey‹, das in den Gewässern vor Soul ankert. Wir stehen auf den Holzplanken des Vorderdecks. Commander Katz erzählt von seinen Kanonen. Kaliber 40,6 cm. Neun Rohre davon hat er vorne. (...) Hier haben die USA 1951 in den Koreakrieg eingegriffen. (...) Und heute? Was tut das Schlachtschiff heute hier? ›Routine! Wir hatten Manöver mit unseren südkoreanischen Waffenbrüdern, sehr zufriedenstellende Manöver.‹

›Ist die Anwesenheit Ihres Schiffes in Verbindung zu bringen mit Olympia, Commander?‹ Nie waren Olympische Spiele besser beschützt.«

Aber auch diesmal hatte Bonn versucht, den olympischen Frieden zu stören. Aber Bonn hatte es nicht bei olympischen Reporter-Spaziergängen auf USA-Kriegsschiffen belassen, sondern einmal mehr einen Athleten aufgeboten, der die DDR verlassen hatte, nachdem er dort Weltrekord geschwommen war: Jens-Peter Berndt. Die internationale Schwimmföderation war dieses Spiels längst müde und ließ ihn für die BRD starten. Sportliches Aufsehen erregte er nicht: Über 200 m-Rücken wurde er Sechster und auch über 400 m-Lagen belegte er den gleichen Rang. Nicht mal politisch war er noch nützlich. Einem *Welt*-Reporter erklärte er (21. September 1988): »Ich akzeptiere, dass es zwei politische deutsche Staaten gibt.«

War es um diese Frage nicht schon 1952 gegangen? Lief Bonn nicht Amok, als das NOK der DDR diese These der Olympischen Charta entnahm?

2006

Die Verbannung des Gustav Adolf Schur

Irgendwann im Jahr 2006 kam irgendwer auf die Idee, dem USA-Sport nachzueifern und eine Sport-»Halle des Ruhms« zu gründen, die natürlich »Hall of fame« heißt und die berühmtesten deutschen Athleten vereinen sollte. Man begann mit einem Sextett, zu dem Max Schmeling gehörte, der sich für die Nazis engagiert hatte, als er entscheidend dazu beitrug, die USA für die Teilnahme an den Olympischen Spielen 1936 in Berlin zu gewinnen, und auch der Reiter Josef Neckermann, der 1945 von einem US-amerikanischen Militärgericht wegen seines Engagements für die Nazis und seinen Eifer bei der Arisierung jüdischer Unternehmen zu einem Jahr Arbeitslager verurteilt worden war.

2011 feierte Gustav-Adolf »Täve« Schur seinen 80. Geburtstag, und Tausende seiner Anhänger forderten seine Aufnahme in die »Hall of fame«.

Die Deutsche Sporthilfe mit Sitz in Frankfurt (Main) sandte dem zweifachen Radweltmeister, Vizeweltmeister und Olympia-Medaillengewinner Gustav Adolf Schur am 10. Mai, also 75 Tage nach seinem 80. Geburtstag, zu dem er Glückwünsche aus 41 Ländern bekommen hatte, folgenden Brief: »Die Jury der ›Hall of Fame des deutschen Sports‹ hat in der vergangenen Woche ihre Stimmen für die Aufnahme neuer Mitglieder in die Ruhmeshalle abgegeben. Nach Auswertung der Wahlzettel müssen wir Ihnen leider mitteilen, dass Sie in dieser Aufnahmerunde nicht die benötigte Mehrheit von mindestens 50 Prozent der Stimmberechtigten erhalten haben, die eine Aufnahme ermöglichen.«

Mithin: Der populärste deutsche Radrennfahrer war aus der Halle des Ruhms verbannt worden! Er war neunmal Sportler des Jahres in der DDR, nicht von einem Elite-Gremium gewählt, sondern von Tausenden bei einer Zeitung Abstimmenden. Genug Gründe also, ihn in diese Halle aufzunehmen.

Die öffentliche Empörung war grenzenlos. Die Ausrede,

man müsse noch das Urteil der »Stasi-Behörde« einholen, war an Schwachsinn nicht zu übertreffen, denn Schur war vier Jahre frei gewählter Abgeordneter des Bundestages gewesen und es ist hinlänglich bekannt, dass Kandidaten des bundesdeutschen Parlaments vor den Wahlen daraufhin eingehend geprüft werden.

Ablehnung also! Der populärste deutsche Radrennfahrer ist aus der Halle des Ruhms verbannt worden! Warum? Weil er ein Sohn der DDR ist und der Feldzug gegen die DDR bis heute nicht endete!

Blieb die Frage: Wer konnte gegen Schur gestimmt haben? Offiziell war das nicht zu erfahren. Nach mühsamen Recherchen trugen wir die Namen von 28 Stimmberechtigten zusammen, woraus zu schließen war, dass mindestens 15 der Juroren gegen Täve votiert haben mussten. Aber wer? Wir glaubten, dass der Olympiafechter – damals noch nicht IOC-Präsident – Dr. Thomas Bach für den Olympiamedaillengewinner Schur gestimmt haben dürfte. Gleiches vermuteten wir von Walther Tröger – ebenfalls Mitglied des IOC –, wenn auch bei ihm die Vermutungsrate schon niedriger lag. Und die SPD-Bundestagsabgeordnete Dagmar Freitag? Sie hatte zusammen mit Täve im Sportausschuss des Bundestages gesessen und kam durchaus als Ja-Votiererin in Frage. Christian Breuer dürfte zwar als Fußballprofi des 1. FC Köln und in Aachen selten auf einem Rennrad gesessen haben, aber Achtung vor einer überragenden sportlichen Leistung dürfte man wohl von ihm erwarten. Gleiches galt für den Präsidenten des Deutschen Turnerbundes, Rainer Brechtken, und vielleicht auch für die Präsidentin des Schwimmverbandes, Christa Thiel. Dem einzigen »Ossi« in der Jury, Manfred Merkel, Vorsitzender des Fördervereins des Sächsischen Sportmuseums, billigte man verbliebenen Gemeinsinn zu. Vor allem aber: Er hatte schon 2006 im Museumsblatt zu Täves 75. Geburtstag eine treffliche Laudatio veröffentlicht. Beim SAT.1-Sportreporter und Präsidenten des bundesdeutschen Sportjournalistenverbandes, Erich Laaser, kam schon Skepsis bei der Frage nach seiner Sympathie für Täve auf.

Erstes Fazit: Mit acht Stimmen hätte Täve nie in die Halle des Ruhms gelangen können. Und die übrigen Votierer? Dr. Josef Ackermann (Vorstandsvorsitzender der Deutschen Bank), Dr. Michael Frenzel (Aufsichtsratsvorsitzender bei Volkswagen), Hans-Peter Friedrich (Bundesinnenminister), Jürgen R. Großmann (Vorstandsvorsitzender des Energiekonzerns RWE), Heinrich Haasis (Präsident des Deutschen Sparkassen- und Giroverbandes), Lothar Hagebölling (Chef des Bundespräsidialamtes), Herbert Hainer (Vorstandsvorsitzender von adidas), Jürgen Hubbert (bis 2005 Vorstandsmitglied bei DaimlerChrysler), Michael Ilgner (vor seiner Berufung in den Sporthilfe-Vorstand Mitglied der Geschäftsleitung der Technologieberatung Booz Allen), Werner Klatten (stellvertretender Aufsichtsratsvorsitzender der Constantin Medien AG), Friedrich Lürßen (Geschäftsleitungsvorsitzender der Lürßen-Werft), Walter Mennekes (Geschäftsführender Gesellschafter der Mennekes Elektrotechnik), Sylvia von Metzler (Geschäftsführerin der Metzler-Stiftung), René Obermann (Vorstandsvorsitzender der Telekom), Dieter Stolte (von 2002 bis 2005 Herausgeber der *Welt* und der *Morgenpost*), Jürgen Weber (Aufsichtsratsvorsitzender der Lufthansa), Dieter Zetsche (Vorstandsvorsitzender der Daimler AG). Damit war die Akte des Gustav-Adolf Schur aus der DDR geschlossen!

Ein einziger Radrennfahrer war schon vor der Schur-Kandidatur in der Halle: Gustav Kilian. Von Täve unterschied ihn einiges: Zum Beispiel Mitglied der NSDAP, der nach einem Sechstagesieg in den USA die Hand zum Hitlergruß erhob, was ihm eine Audienz bei Göring eingetragen hatte.

Damit war faktisch geklärt, dass es zur Schur-Absage hatte kommen müssen. Inzwischen ist er immerhin ins *Goldene Buch des deutschen Sports* – gestiftet vom Verein »Sport und Gesellschaft« – eingetragen, in dem man Sportler aus Ost und West findet und dessen Vorsitzender, Hasso Hettrich, früher Vorsitzender der größten Berliner Betriebssportgemeinschaft war. In diesem Goldenen Buch findet man den Mannheimer Straßenweltmeister Rudi Altig neben Katarina Witt, Fritz Walter neben Ruth Fuchs und Steffi Graf neben – Täve Schur.

Jutta Langenau war 1954 nur Schwimmeuropameisterin geworden, weil ein italienischer kommunistischer Partisanenoffizier als Flughafenchef das Flugzeug, in dem sie saß, nachts hatte landen lassen. 2011 nahm man Täve Schur nicht in die Hall of fame auf, weil da keine Partisanenenkel waren, sondern nur Konzerndirektoren. Und die hielten sich strikt an die Tradition des endlosen Feldzugs gegen die DDR …

Die unwiderlegbare Medaillenbilanz

Das deutsch-deutsche Olympia-Duell geriet auf den Pfad des Vergessens. Das neue Jahrhundert bescherte neue Rekorde – viele, wie zum Beispiel der dieser Tage verbesserte deutsche 100 m-Laufrekord stammen noch aus DDR-Zeiten – aber geblieben waren in allen seriösen Bilanzen die Zahl der von DDR-Athleten errungenen Olympiamedaillen. Auch dieses Buch bliebe unvollständig, wenn es auf die deutsch-deutsche Medaillenbilanz verzichten würde, weil es – wie überzeugend nachgewiesen wurde – nur bedingt eine sportliche Bilanz war, sondern entscheidend von der Politik geprägt worden war.

Auf vielen Seiten kann man mühelos nachlesen, wie oft Bundespolitiker DDR-Athleten um ihre Chancen brachten. Die Medaillenbilanz belegt, wie deutlich die DDR die BRD hinter sich ließ.

Medaillenbilanzen

Bundesrepublik Deutschland

		Gold	Silber	Bronze
1952	Oslo	3	2	2
1952	Helsinki	-	7	17
1956	Cortina	1	-	-
1956	Melbourne	5	9	5
1960	Squaw Valley	2	2	1
1960	Rom	9	10	4
1964	Innsbruck	1	1	3
1964	Tokio	7	11	13
1968	Grenoble	2	2	3
1968	Mexiko	5	11	10
1972	Sapporo	3	1	1
1972	München	13	11	16
1976	Innsbruck	2	5	3
1976	Montreal	10	12	17
1980	Lake Placid	-	2	3
1980	Moskau	-	-	-
1984	Sarajewo	2	1	1
1984	Los Angeles	17	19	23
1988	Calgary	2	4	2
1988	Seoul	11	14	15
		95	**124**	**139**

Deutsche Demokratische Republik

		Gold	Silber	Bronze
1952	Oslo	-	-	-
1952	Helsinki	-	-	-
1956	Cortina	-	-	-
1956	Melbourne	1	2	-
1960	Squaw Valley	2	2	1
1960	Rom	2	9	5
1964	Innsbruck	2	2	-
1964	Tokio	3	8	3
1968	Grenoble	1	2	2
1968	Mexiko	9	9	7
1972	Sapporo	4	3	7
1972	München	20	23	23
1976	Innsbruck	7	5	7
1976	Montreal	40	25	25
1980	Lake Placid	9	7	7
1980	Moskau	47	37	42
1984	Sarajewo	9	9	6
1984	Los Angeles	-	-	-
1988	Calgary	9	10	6
1988	Seoul	37	35	30
		202	**188**	**165**

Überzeugende DDR-Zahlen, erzielt von überzeugenden Persönlichkeiten, womit keine Silbe gegen BRD-Athleten gesagt werden soll, die ihre Medaillen nicht minder fair und sportlich errangen. Dass da dennoch leider ein unauslöschlicher Unterschied bleibt, ist keineswegs eine »Ost«-Idee!

Die DDR ist gescheitert, aber – vergleichbar vielleicht mit dem legendären »Fliegenden Holländer« – ging nicht unter. Ebenso wenig wie die Erinnerung an ihren Sport.